中国现代出版家论著丛书

主编 郝振省

陕西出版资金资助项目

编辑生涯忆鲁迅

赵家璧 著

西北大学出版社

作者简介

赵家璧，中国编辑出版家、作家、翻译家。1908年10月27日生于上海松江。在光华大学附中时，即主编《晨曦》季刊。大学时期，为良友图书印刷公司主编《中国学生》。1932年在光华大学英国文学系毕业后，进良友图书印刷公司任编辑、主任。其间，结识鲁迅、郑伯奇等左翼作家，陆续主编"一角丛书""良友文学丛书"等，以装帧讲究闻名。1936年，组织鲁迅、茅盾、胡适、郑振铎等著名作家分别编选出版的"中国新文学大系"，由蔡元培作总序。煌煌十大卷，矗立了一座丰碑。

1949年后，先后担任上海人民美术出版社、上海文艺出版社副总编辑，中国作家协会上海协会顾问，上海市政协常委。编审。1972年退休，曾获第二届韬奋出版奖。

1997年3月12日在上海逝世。

编辑说明

赵家璧是一位现代著名的编辑出版家、作家、翻译家。在20世纪三四十年代,他入职不久就展现出自己是一位非常有为的青年编辑的才华,他当时利用图书公司阵地,在鲁迅、茅盾、巴金、老舍、郑伯奇等前辈帮助下,广泛联系进步作家群——尤其一些"左联"革命作家,编辑和翻译出版了一大批中外文学作品、美术作品,揭露黑暗,鼓吹光明,鼓舞抗战士气,保存下了不少文化资料,影响巨大。

这三本《编辑忆旧》(三联书店1984年8月版)《文坛故旧录》(三联书店1984年8月版)《编辑生涯忆鲁迅》(人文社1981年9月版)分别是编辑出版"良友文学丛书""中国新文学大系",编译出版《苏联作家七人集》"美国文学丛书"、几本外国木刻集等的编辑札记、书信往来以及从业经验谈、回忆录等。它可以帮助我们了解过去,认识历史。

这次整理重版,主要是改正了一些明显的错讹之处,并针对原版中有关譬如"新中国成立前后""解放前后""建国前后"的不严谨表述词句根据新规更正为"1949年前后"或"中华人民共和国成立前后";对有关丛书、文库、大系等非书名而是集成的图书,根据新规把原有的书名号《》更正为引号" "予以标示。特此说明。

总　序

"中国现代出版家论著丛书",选集张元济等中国现代出版拓荒者14人之代表性作品19部,展示他们为中国现代出版奠基所作出的拓荒性成就和贡献。这套书由策划到编辑出版已有近六个年头了,遴选搜寻作品颇费周折,繁简转化及符合现今阅读习惯之编辑加工亦费时较多。经过多方努力,现在终于要问世了,作为该书的主编,我确实有责任用心地写几句话,对作者、编者和读者有个交代。尽管自己在这个领域里并不是特别有话语权。

首先想要交代的是这套选集编辑出版的背景是什么,必要性在哪里?很可能不少读者朋友,看到这些论著者的名字:张元济、王云五、陆费逵、钱君匋、邹韬奋、叶圣陶等会产生一种错觉:是不是又在"炒冷饭",又在"朝三暮四"或者"朝四暮三"?如此而然,对作者则是一种失敬,对读者则完全是一种损失,就会让笔者为编者感到羞愧。而事情恰恰相反,西北大学出版社的同仁们用心是良苦的,选编的角度是精准的,是很注意"供给侧改革"的。就实际生活而言,对待任何事物,怕的就是"一叶障目,不见泰山",怕的就是浮光掠影，道听途说；怕的就是想当然，而不尽然。对待出版物亦是这样，更是这样。确实不少整理性出版物、资料性出版物，属于少投入、多产出的克隆性出版；属于既保险、又赚线的懒人哲学？而这套论著确有它独到的价值。论著者不是那种"两耳不闻窗外事，闭门只读圣贤书"的出版家，而是关注中华民族命运，焦急民族发展困境的一批进步知识分子。他们面对着国家的积贫积弱，民众的一盘散沙，生活的饥寒交迫，列强的大举入侵，和"道德人心"的传统文化与知识体系不能拯救中国的危局，在西学东渐，重塑知识体系的过程中，固守着民族优秀文化的品格，秉承"为国难而牺牲，为文化而奋斗"的使命，整理国故，传承经典，评介新知，昌明教育，开启民智，发表了一系列的论著，为我们国家和民族的现代出版文化事业进行了拓荒性奠基。如果再往历史的深层追溯，不难看出，他们身上所体现的代表中国传统知识分子心胸与志向的使命追求，正如北宋思想家张载所倡言的："为天地立心，为生民立命，为往圣继绝学，为万世开太平"。我们为中华民族这些前仆后继、生生不息的思想家们肃然起敬。以张元济等为代表的民国进步出版家们，作为现代出版文化的拓荒奠基者，其实就是一批忧国忧民的思想大家、文化大家。挖掘、整理、选萃他们的出版文化思想，其实就是我们今天继承和弘扬优秀传统文化的必然之举，也是为新时代实现古今会通、中西结合的创造性转化与创新性发展提供借鉴的必须之举。

不仅如此，这套论著丛书的出版价值还在于作者是民国时期我们这个国家和民族最有代表性的一个文化群体，一批立足于出版的文化大家和思想大家；14位民国出版家的19部作品中，有相当部分未曾出版，具有重要的填补史料空白的性质,对于这个领域的研究者、耕耘者都是一笔十分重要的文化财富之集聚。通过对拓荒和奠基了中国现代出版事业的这些出版家部分重要作品的刊布,让我们了解这些出版家所特有的文化理念、文化视野、人文情怀,反思现在出版人对经济效益的过度追求,而忘记出版人的文化使命与精神追求等等现象。

之所以愿意出任该套论著丛书的主编还有一层考虑在里面。这些现代出版事业拓荒奠基的出版家们,其实也是一批彪炳于史册的编辑名家与编辑大家。他们几乎都有编辑方面的极深造诣与杰出成就。作为中国编辑学会的会长,也特别想从中寻觅和探究一位伟大的编辑家,他的作派应该是怎样的一种风格。张元济先生的《校史随笔》其实就是他编辑史学图书的原态轨迹;王云五的《新目录学的一角落》其实就是编辑工作的一方面集大成之结果;邹韬奋的《经历》中,就包含着他从事编辑工作的心血智慧;张静庐的《在出版界二十年》也不乏他的编辑职业之体验;陆费逵的《教育文存》、章锡琛的《<文史通义>选注》、周振甫的《诗词例话》等都有着他们作为一代编辑家的风采与灼见;赵家璧的三部论著中有两部干脆就是讲编辑故事的,一部是《编辑忆旧》,一部是《编辑生涯忆鲁迅》,其实鲁迅也是一位伟大的编辑家。只要你能认真地读进去,你就会发现一位职业编辑做到极致就会成为一位学者或名家,进而成为大思想家、大文化家,编辑最有条件成为思想家、文化家。"近水楼台先得月,就看识月不识月"。我们的编辑同仁难道不应该从中得到启发吗?难道我们不应该为自己编辑职业的神圣性而感到由衷的自豪与骄傲吗?

这套丛书真正读进去的话,容易使人联想到正是这一批民国时期我国现代出版事业的拓荒者和奠基者,现代出版文化的开创者与建树者，为西学东渐，为文明传承，作出了巨大的历史性贡献。他们昌明教育、开启民智的出版努力，他们所举办的现代书、报、刊社及其载体实际上成为马克思主义向中国传输的重要通道，成为中西文化发展交融的重要枢纽，成为当时的中国先进知识分子寻求和探究救国、救民真理的重要精神园地。甚至现代出版事业的快速发展与现代出版文化的初步形成，乃是中国共产党成立、诞生的重要思想文化渊源。一些早期共产党人就是在他们旗下的出版企业担任编辑出版工作的，有的还是他们所在出版单位的作者或签约作者。更多的早期共产党人正是受到他们的感染和影响，出书、办报、办刊而走上职业革命道路的。从这个意义上讲，我们对民国出版家及其拓荒性论著的价值的重视还很不够。而这套论著丛书恰恰可以对这个问题有所补救，我们为什么不认真一读呢？

是为序。

郝振省

2018.3.20

目　录

总序 ·················· 郝振省（1）

给"良友"出版的第一部书 ························· 1
　　——关于《苏联作家二十人集》

鲁迅与连环图画 ····································· 19
　　——关于《一个人的受难》

丁玲的《母亲》是怎样出版的？ ················· 41
　　——重见丁玲话当年

编选"中国新文学大系"（小说二集） ········· 52
　　——对审查会的斗争

鲁迅与周文二三事 ································· 71
　　——关于周文的《父子之间》

鲁迅·梵澄·尼采 ································· 78
　　——关于梵澄译《尼采自传》

编选《苏联版画集》 ······························· 91
　　——病中口述序文

推荐葛琴的处女作《总退却》 ················· 115
　　——为什么写序后三年才出版?
最后编校作序的一部书 ······················· 125
　　——关于曹靖华编译的《苏联作家七人集》
在鲁迅感召下前进 ··························· 138
　　——记鲁迅逝世后出版的几种版画集

后　记 ····································· 147

给"良友"出版的第一部书

——关于《苏联作家二十人集》

一

鲁迅在三十年代曾大力支持良友图书公司的出版工作,他给"良友"出版的第一部书,是《苏联作家二十人集》。但在此以前,早于一九二八年鲁迅就和"良友"建立关系了。

大革命失败后,鲁迅于一九二七年十月初自广州来沪定居,十八日自共和旅馆移居闸北景云里廿三号。因地近北四川路,曾几次到"良友"门市部购书,店员就告诉了当时主编《良友画报》的梁得所。梁的同乡好友司徒乔常来编辑部聊天,他的早期创作《四个警察和一个女人》,前一年在北平举行画展时,受到鲁迅赏识而被买下,一直挂在西三条胡同卧室墙上。这时他与鲁迅同在上海,时有往来。一九二八年二月廿五日梁得所由司徒乔陪同去景云里鲁迅寓所看望他。他们是为着同一个目的去的。司徒乔约定为鲁迅画像,三天后再去,二星期后画成炭笔素描速写头像一幅。梁得所约期为鲁迅摄影,准备连同司徒乔的画像,编成一组专题,刊登在画报上。根据《鲁迅日记》,三月十六日记有:"晚梁得所来摄影二片,并赠《良友》一本。"

三月廿一日记有:"晚得梁得所信并照相三枚。"这就是我们常见的鲁迅端坐在景云里寓所藤椅上,以成排书架作背景的那幅生活照片,也是鲁迅最后十年开始在上海生活和斗争所留下的第一幅单人摄影①。其中两幅就最先同司徒乔的速写像,加上转载的一篇鲁迅《自传》,用两个整版篇幅,发表在一九二八年四月号的《良友画报》上。

我就在这一年底,半工半读,参加良友图书公司,主编一本图文各半的《中国学生》月刊。一九三二年大学毕业前,已开始编"一角丛书"。"一·二八"事变后,创造社老将郑伯奇来"良友",文艺书籍的出版方针发生很大的转变,左翼作家纷纷为"良友"撰稿,我已写过专文了。②秋季毕业后,我专业担任文艺编辑,计划编一套全部收新创作的"良友文学丛书",准备约请第一流作家执笔,用米色道林纸印,软布面精装,不论厚薄,书价一律九角;试图从装帧、印刷、售价上,对当时流行市上的纸面平装文艺出版物来一个突破。这是个大胆的尝试,总经理伍联德全力支持我去闯一个新天地。

考虑到组稿对象时,第一个想到的作者,当然是最受读者爱戴、左翼作家联盟的旗手鲁迅了。但像"良友"这样商业气息浓厚,一贯以出版画报、画册为专业的书店,是否能争取到鲁迅的文稿呢?我很怀疑。当我和伯奇商量时,他热诚地鼓励我不妨去一试,并自愿尽介绍之责。当时鲁迅生活在白色恐怖下,经常受到国民党特务的监视,住处是保密的,平时轻易

---

① 根据《鲁迅1881—1936》图片集,1977年文物出版社版。这一天共摄四幅,三幅坐像,一幅立像,均梁得所摄。1927年10月4日,初抵上海后,曾与许广平、周建人、林语堂、孙伏园合摄一影。

② 《回忆郑伯奇同志在"良友"》,见《新文学史料》总第5期,1979年。

不接见生客。我在伯奇陪同下,于九月初一个秋高气爽的下午,第一次去谒见鲁迅先生。事先伯奇已为我作了安排,到内山书店时,鲁迅已在那里等候了。

关于鲁迅,当时文艺界中人有一种流传的看法,把他说成是一位非常严峻、有时近于怪僻而不易接近的老人。我那时是初出茅庐的青年编辑,刚刚双脚跨出校门,对鲁迅虽怀有崇敬之情,还不免心存畏惧。尤其是这一天去谒见他,希望他为我准备编辑出版的一套文学丛书带个头,这对我一生事业的关系极大,所以一见面,一握手,连话也说不出口。直到鲁迅在前引路,把我们两人带进旁屋二楼内山的会客室坐下时,我才舒了一口气。其实伯奇和鲁迅有深厚的友谊,关于良友公司和我的一般情况,他早已作过介绍,所以坐下后,鲁迅就亲切地问到我怎么爱好起搞文艺编辑出版工作来了。他对我说:"这是一种非常需要而且很有意义的工作,我自己也是搞过这一行的,其中也大有学问啊!"接着又说,"良友"出版的画报和画册印得都很好,他经常走过我们的门市部大橱窗,总要站着看看。他问起"良友"的营业情况,我告诉他,这是广东商人开的,《良友画报》等各种画册,主要读者是海外侨胞,所以业务很发达。乘机便把设想中出一套"良友文学丛书"的计划向他简单地谈了。他便说:"素来不大出文艺书的'良友',怎么忽然要挑这一条路走呢?"伯奇代我谈了我爱好文学,希望在这方面出些好书,"良友"老板已答应另辟一个部分,让我专搞这方面的组稿编辑工作;至于老板的目的,当然是为了扩大营业面,提高书店的名誉地位。接着他为我说出了我们访问的意图,恳求他给我们一部书,以便列为丛书的第一种,带一个头。鲁迅便幽默地说:"你们最好回去先向老板说清楚，出鲁迅的书是要准备有人来找他麻烦的。"但是接着又笑着说："现在上海出好书的书店实在不多，经营作风老老实实的更不多见。'良友'愿意这样做，我倒是可以尽力帮忙的。"我听到这句话，像在暗地里见到了一线阳光，我的顾虑也打消了，胆子突然壮大起来，便把具体要求提出了。因为丛书准备全部发表创作，每册字数平均十五万字上下，所以希望鲁迅能给我们一部文艺创作。

这一下，却大出我们的意外，原来鲁迅手头正有一部即将编成的《新俄作家二十人集》，约二三十万字，他说，如双方同意，可以很快交给我们。但是把翻译作品列为丛书第一种出版，是否会破坏丛书的体例呢？又想到能组织到鲁迅的文稿不是一件容易的事，而且是现成的，立即可用，这么一部唾手可得的译稿，怎么舍得放弃呢？我们问他有无小说集或散文集之类。他说："小说久已不写，杂文集对你们是不适合的，一开头就害了你们，我是不干的。"在这一情况下，我就和伯奇低头细语，决定接受这部译稿，并破例列入丛书中。于是我们请求鲁迅，为了顾全丛书的篇幅和售价，可否一分为二，各立书名，他点头同意了；并答应将来如有适合给"良友"出版的创作文集，当予优先考虑。于是我们谈了关于版税率、预支版税数字和交稿日期等等，很快取得了协议。回家的路上，我心中说不出地兴奋，不但因为今天一出马，就拿到了鲁迅的文稿，为"良友文学丛书"打开了一条路；尤其是亲身经历的两小时亲切的谈话，发现鲁迅是一位热情诚恳、和蔼可亲的长者，虽初次见面，感到平易近人。他对良友公司这样一个刚刚试图出些进步文艺书籍的书店，既伸出温暖的手来扶植它发展成长，又抱着精心爱护的心肠，不让它因此而遭到什么意外。鲁迅这种在白色恐怖下，多一个出版好书的阵地，对革命文化事业总是添一份光、增一份热的伟大胸怀，在后四年多我亲身体会的许多事例中，感受越来越深。

二

这次会见的确切日期，《鲁迅日记》并无记载，但九月十一日，鲁迅给曹靖华信中第一次说到这件事。信中说："近日与一书店接洽，出《新俄小说家二十人集》二本，兄之《星火》即收在内，此外有它夫人译的两篇，柔石译的两篇，其余皆弟所译，有些是在杂志上发表过的，定于月底交稿。"据此推测，会见当在九月上旬。从《日记》上看，我们谈妥后，鲁迅于十三日夜，就动手把十篇编为上册，以其中理定的《竖琴》篇名作书名，都是同路人作品。同路人作品共十二篇，因照顾丛书篇幅，有两篇放在下册的最前面。十九日把下册也编完了，以绥拉菲摩维支的《一天的工作》篇名用作书名；另收无产者作品八篇。上下册字数基本相等。现在查阅有关资料，鲁迅计划用比较法，编译这样一部既介绍同路人，又介绍无产者两个部分的苏联短篇小说集，是在一九二八年翻译介绍马克思主义文艺论著同时开始的。他怀着一颗火热的心，要把这些反抗黑暗统治、争取光明未来的"为人生"的俄罗斯文学的力量，来启发中国人民反帝反封建的民主革命运动。对于大量介绍同路人作品，鲁迅这样做，在当时也有一定的现实意义。他说过："左翼作家并不是从天上掉下来的神兵，或从国外杀进来的仇敌。他不但要那同走几步的'同路人'，还要招致那站在路旁看看的看客一同前进。"①

　　他在一九二八年译了《竖琴》和斐定的《果树园》及伦支的《在沙漠上》三篇，后两年又发表了四篇，另有两篇编集时未发表。鲁迅最先翻译的都是同路人作品，他认为作者虽非革命家，却"身历了铁和火的试炼"，因此有生活，中国读者既可以从中了解十月革命前后的俄罗斯社会面貌，而作者的写作技巧，都是"较为优秀的"。此外两篇同路人作品是柔石生前所译；至于曹靖华译的拉甫列涅夫的《星火》，早在二十年代译者在莫斯科工作时，已应苏联外国文艺书籍出版局之约，在苏联印行过了。

　　八篇无产者文学作品中，有两篇是瞿秋白夫人杨之华所译，发表时署名文尹，即鲁迅信中所称的"它夫人"。鲁迅所译聂维洛夫的《我要活》，曾发表于《文学月报》，其余五篇，收入文集时都是未发表的原稿，仅在汇编交稿前，重校一遍，作为定稿，究竟何年何月译成的，现已无从查考。鲁迅在该书前记中说："可惜我所见的无产者作家的短篇小说很有限"，所以仅选八篇。但当他和前面十二篇同路人作品相比时，作了精辟的分析。他说："我们看起作品来，总觉得前者虽写革命或建设，时时总显出是旁观的神情，而后者一落笔，就无一不自己就在里边，都是自己们的事。"寥寥数语，画龙点睛，就写出了一段最值得后人学习的"译者前言"。两书之后还为二十位作家分别写了二十段后记，完成于九月十九日，更是值得翻译工作者学习如何写好后记的典范。

　　第二天，九月二十日，鲁迅亲自到良友公司送稿来了。我记得那天伯奇有事外出，我们是在门市部后面一间小小会客

---

① 《论"第三种人"》，《鲁迅全集》（十卷本，下同），第4卷，第335页。

室里相见的。鲁迅身穿一件深色的夹袍,脚登一双他经常穿惯的橡胶鞋,还戴了棕色的旧呢帽。坐下寒暄几句后,他就打开一个日本制花布包袱,里边两叠整整齐齐的原稿,都是毛边纸印的方格稿纸,分别用白细麻绳在四边扎住,面上用白纸填写上下两册的书名。当他仔细向我交代时,我静静地听着。最后又交给我一封信,上书郑君平先生收,那是伯奇在良友公司工作期间用的名字。那天初次接待鲁迅,我情绪紧张;由于他老人家自己来交稿,也很受感动。我说:"只要电话通知,让我们自己去内山书店领取好了。"他谦逊地说:"这一带我经常路过,并非特地来此,顺便带来,就不用你们跑了。"临别时又说,关于排版时应注意之点,都写在信中了。

伯奇回来看信,信中说:

> 《新俄小说家二十人集》译稿,顷已全部编好,分二本,上本名《竖琴》,下本名《一天的工作》,今一并交上。
>
> 格式由书店酌定,但以一律为宜。例如人地名符号,或在左,或在右;一段之下,或空一格或不空,稿上并不一律,希于排印时改归划一。
>
> 版税请交内山老板。需译者版权证否?候示遵办。

第一次在编辑工作上和鲁迅接触,就给我一个译者对编辑出版工作既极内行,又抱着严肃认真、一丝不苟态度的深刻印象。十一月六日,《竖琴》清样校毕。第二封信也是寄给郑君平的,信中说:

《竖琴》已校毕,今奉上,其中错误太多,改正之后,最好再给我看一遍(但必须连此次校稿,一同掷下)。

又下列二点,希一并示知:

1. 内缺目录,不知是有意删去,抑系遗失?
2. 顶上或有横线(最初数页),或无,何故?

两信中所提排校上的细节,说明鲁迅对出版工作的高度负责态度。

从一九三三年初起,鲁迅开始和我直接通信了。这时《一天的工作》正在排校中,一月八日给我的第一封信是这样说的:

《一天的工作》已校毕,今送上,但因错字尚多,故须再校一次。改正之后,希并此次送上之校稿,一并交下为荷。

此书仍无目录,似应照《竖琴》格式,即行补入也。

第二封信是他看了清样后寄我的。因为错字不多,仅提出"但这回只要请尊处校对先生一看就可以,不必再寄给我了"。二月六日突来一信,在校对工作上提了一个重要建议:

今天翻阅良友公司所出的书,想起了一件事——

书的每行的头上,倘是圈、点、虚线、括弧的下半(凹)的时候,是很不好看的。我先前做校对人的那时,想了一种方法,就是在上一行里,分嵌

四个"四开",那么,就有一个字挤到下一行去,
好看得多了。不知可以告知贵处校对先生,以供采
择否?

可见鲁迅非常关心良友公司的出版物,无意间发现了我们在排印上的这个通病,立即把他的宝贵经验,专函告诉我。这在解放前通行直排本时,许多书店都没有注意过,是鲁迅第一个想出了这个补救办法。得信后,我们就通知了排字房,以后其他书店都跟着改了。现在我们实行横排,同样也不宜把标点符号放在最左第一个字的地位。鲁迅还对我说过,书的开头和每个题目前后,应多留空白,增加"读书之乐",不要"不留余地",塞得满满地透不过气来;整本书的前后,也可多留几面白页。就在这些无人想到的小地方,鲁迅处处煞费苦心,随时为读者设想,增加书的美感,我在此后的编辑出版工作中,是深受教育的,这仅仅是一次开端而已。我为此曾去信表示感谢,他于二月十日复信说:

来信收到。关于校对,是看了《暧昧》的时候
想起的。至于我的两种译本,则已在复校时改正,
所以很少这样的处所。

鲁迅给我的信中,经常提到"印证"或"印花",今天的青年读者不易了解,原来这与解放前的稿酬办法有关。当时出版社结付作者稿酬有两种办法:一是按字数每千字数元,一次卖绝版权;二是作者按书的定价照实售册数抽取版税,一般每年分春秋二季结算一次。当时卖稿千字三元至十元;版税百分之十至二十。良友公司对文艺书都用版税制,一般都是百分之

十五,对鲁迅的著作,参照其他书店的惯例,按百分之二十计。交稿时,预付部分版税。那时上海四马路有批投机出版商,眼看鲁迅的书好销,经常盗印,所以鲁迅后来规定,出版他的著译,都要在版权页上贴上他自己盖有鲁迅二字阴文印章的印证,以资证明。至今旧书店出售或图书馆所藏解放前鲁迅著作的版权页上,都还黏有这种印证或印花。

这两个译本中都有他人的译作,鲁迅收到版税,都按比例分送。一九三二年十月三日《日记》,记有"以《竖琴》付良友公司出版……,下午收版税二百四十,分靖华七十"。十一月四日《日记》,记有"以《一天的工作》归良友公司出版,午后收版税泉二百四十,分与文尹六十"。这都是书店所付的预支版税。在《鲁迅书简(致曹靖华)》①一书中,"良友"以后数年每次结付版税后,鲁迅都通知曹靖华应得的数字,有时即汇,有时代存,几乎笔笔都有交代。我读到这些信,深感鲁迅在为友人做事时的丝毫不苟。

三

时间进入一九三三年,我们不但在"一角丛书"中出版了大批左翼作家如丁玲、钱杏邨(阿英)、周起应(周扬)、沈端先(夏衍)、林伯修等的作品,"良友文学丛书"继鲁迅的两种后,在六月份,还把刚刚被捕的丁玲创作未完成长篇小说《母亲》,大事宣扬地出版了。② 一向平安无事的良友公司也开始引起国民党特务机关的注意了。十一月十三日上午,门市部的

---

① 《鲁迅书简(致曹靖华)》,上海人民出版社,1976年。
② 参阅本书《丁玲的〈母亲〉是怎样出版的?》第46页。

大玻璃窗忽然被人用大铁锤击破。出事后，在楼上办公的经理和编辑们都下来了，只看见玻璃碎片散满在马路人行道上，橱窗上端和两边还挂着击破的残片，陈列在橱窗里的书面上，像刚落下一场冰雹般，盖满了闪闪发光的玻璃碎片，还四散着一层雪白的玻璃粉屑，行人围观如堵，只听到群众议论纷纷。公司中人开始大家瞠目相对，不知所措，慢慢地心中才猜到了一些，但真正解开这个谜，是在傍晚看到《大晚报》的新闻报道以后。大题目写的是："今晨良友图书公司突来一怪客"，副题写的是"手持铁锤击碎玻璃窗，扬长而去，捕房侦查中"。同一天《大美晚报》中文版的新闻栏中，还刊载了"艺华影片公司被'影界铲共同志会'捣毁"的消息。三天以后，"良友"经理收到这个所谓"同志会"的油印信，说明这次仅是对良友公司的"郑重警告"，原因是出版"赤色作家所作文字，如鲁迅、茅盾、蓬子、沈端先、钱杏邨及其他作家之作品"。

　　鲁迅后来把这些反面材料，原封不动地编入《准风月谈》后记，起了"立此存照"的作用。还在后记中说：

> 一个"志士"，纵使"对于文化事业，热心异人"，但若不知何时，飞来一个锤子，打破价值数百两的大玻璃；"如有不遵"，更会在不知何时，飞来一顶红帽子，送掉他比大玻璃更值钱的脑袋，那他当然也许要灰心的。然则书店和报馆之有些为难，也就可想而知了。我既是被"扬长而去"的英雄们指定为"赤色作家"，还是莫害他人，放下笔，静静的看一会把戏吧。……

当时伯奇对我慰勉有加,"良友"老板也未被吓倒,我们还是照常行事。

国民党反动派耍的把戏,当然不会以击破一扇大玻璃窗为满足的。我记得上海特务头子、当时任上海市教育局局长的潘公展,事后曾施展流氓式的恐吓手段,威胁公司经理伍联德、余汉生把我解雇,同时还有《良友画报》主编马国亮(马继梁得所于一九三三年任主编后,受郑伯奇影响,画报上也连续发表左翼作家的文章)也被指名回家。最近我的单位退回的复查材料中,赫然发现潘公展亲笔写给余汉生和我两人的信,说:"兹有要事相商,务请两先生……惠临一谈。"在上海市教育局局长室的公函信封上,左上角还画着三个十字,以示特急件。十年浩劫一开始,我被"勒令"上交的七百多封作家来信手迹,至今下落不明,这封被"造反派"当作我"罪证"之一被放入档案袋中的信,倒给我留下了一个反面的纪念品。具有爱国心和正义感的两位经理,当时为我们两人据理力争,几经周折,终于把此事项过去了。

对人以外,他们对书也施出了恶毒的一手。一九三四年二月,上海大批进步书籍被查禁,鲁迅于三月廿四日给曹靖华信中说:"良友图书公司也(有)四种(《竖琴》《一天的工作》《母亲》《一年》)。"① 因为《竖琴》中收有曹译《星花》,有关版税收入,所以三月廿七日在给曹靖华信中,对禁书事表示了他的看法:"良友出之两本小说,其实并无问题,而情形如此者,一则由于文氓借此作威作福,二则书店怕事,有事不如无事,所以索兴不发卖了。去年书店,不折本的,只有二三家。"②我们在接到查禁通知后,经编辑部仔细检查,内容毫无问题,

---

① 《鲁迅书信集》,第494页。
② 同上,第508页。

反动派完全是无理取闹,经理支持我们,申述理由要求开禁。不久,接到一个执字 1076 号书面通知,内开:"查《一天的工作》《母亲》……四种,尚无大碍,应暂缓执行禁令。"我们便把这个通知印了一张纸条,粘在取消禁令的每本书的第一页上,以作证明,恢复发行。至今留在我身边的一本第三版《母亲》上,就贴有这个字条。《一天的工作》禁令虽被取消,对《竖琴》的前记,还坚持非删不可。《竖琴》存书尚多,次年夏,经理为了保本,要我写信给鲁迅,提出把存书中八页前记剪掉后发售,我担心鲁迅不会赞同。五月廿五日接到复信,鲁迅慨然同意了。信中说:

中央怕《竖琴》前记,真是胆小如鼷,其实并无害,因此在别一方面,也没有怎样的益,有无都无关紧要,只是以装门面而已。现在剪去以免重印重装,我同意于公司的办法,并无异议也。

到一九三五年秋,作恶多端的审查会因"新生事件"被迫关门后,我们重印了一版《竖琴》,恢复了这篇前记,使它重新以原来面目与读者相见。

一九三五年下半年起,我们又计划出版"良友文学丛书"特大本,当时"良友文学丛书"已出了二十余种,颇得读者好评。特大本用布面精装白报纸印,每种七百页至一千页,售价不同。先出版了张天翼的《畸人集》,巴金的《爱情三部曲》和沈从文的《从文小说习作选》。我们想到鲁迅的《竖琴》和《一天的工作》原来是一部书,为了适应我们的要求才一分为二的,现在既出特大本,理应恢复编译者原有的打算,合出一册。我于一九三六年七月去信征求意见时，他复信说：

《竖琴》和《一天的工作》可以如来信所示，合为一本，新的书名很好，序文也可以合为一篇。

从一九二八年开始，鲁迅计划编译的《新俄作家二十人集》，经历了一段曲折的过程，终于在一九三七年三月，用《苏联作家二十人集》的书名，列为"良友文学丛书"特大本之一出版（见书前插图），可惜鲁迅自己已看不到了。

四

"良友文学丛书"全部刊印文艺创作，鲁迅虽最早以两个译本支持我们，我总感到美中不足。记得他从一开始就说过，如果将来有适合给"良友"出版的创作文集，答应优先考虑，因此我一直为此作不断的努力。回忆四年间我曾作过三次尝试，结果都是空手而回，失败了。但所有经过，作为出版史话，还值得一记，因为从中可以看到，鲁迅自始至终对这个出版阵地是关怀备至的。

一九三二年十一月，鲁迅赴北平探望母病。在平时，曾在北大、辅仁、北师大等大学作了五次演讲。这"北平五讲"是鲁迅在北平进行的五次战斗，当时北平和上海的报纸，曾大量刊登这些振奋人心的大讲演的新闻和照片。鲁迅的大声疾呼，增强了从关外进来的大批东北流亡青年的战斗力，唤醒了住在死气沉沉的故都的成千上万的爱国学生。当时"一角丛书"还在继续出，如果字数一二万，可以小册子形式分别列入小丛书。

我去信后,一九三三年二月十日接到复信说:

> 在北平的讲演,必不止一万字,但至今依然一字未录,他日写出,当再奉闻。

从语气上看,似乎颇有希望。现查《鲁迅日记》,两天后(十二日),他写信给北平的台静农说:"在辅大之讲演,记曾有学生记出,乞兄嘱其抄一份给我,因此地有人逗我出版在北平之讲演,须草成一小册与之也。"我久候无回音,又去信催问,三月十日复我说:

> 来信收到,我还没有写北平五篇演讲,《艺术新闻》上所说,并非事实,我想不过闹着玩玩的。

当时的《艺术新闻》是什么性质的报刊,究竟谈了些什么,现在无从查考。但经常出版鲁迅著作的北新书局李小峰,这时也向鲁迅要这本"北平五讲"。鲁迅于三月十五日复李小峰的信上说:"关于'北平五讲'之谣言甚多,愿印之处亦甚多,而其实则我未整理。印成后,北新亦不宜经售,因后半尚有'上海三嘘',开罪于文人学士之处颇不少也。'天马'亦不宜印,将来仍当觅不知所在之书店耳。"既然连天马书店都不宜出版,那么,即使编成,鲁迅也不会给良友公司出的。"北平五讲"至今仅有书名,作者生前根本没有整理成书。

一九三四年八月间,我又去信鲁迅,要求把他最近发表的文章编集给"良友文学丛书",九月一日复信说:

> 近一年来,所发表的杂文也还不少,但不宜

于给良友公司印,因为文字都很简短,一被删节,就会使读者不知道说什么,所以只好自己出版。能够公开发行的东西,却还没有,也许在检阅制度之下,是不见得有的了。

鲁迅从爱护"良友"出发,不把杂文集给我们出版,这一点,在第一次见面时就对我们说起过,此信所说的杂文集,后来编成《伪自由书》,用青光书局名义出版。

但我心有未甘,总是想方设法要出一部鲁迅的创作集。一九三五年下半年,审查会关闭,检查关不存在了。这时我风闻鲁迅手头有一部创作小说集在酝酿中,我便再次去信要求。这部书,似乎已有到手的希望,结果还是落空了。为了写这篇回忆史料,我遍查有关资料,第一次发现我捐献给上海鲁迅纪念馆的鲁迅书信手迹(全部收入《鲁迅书信集》)四十六封外,另有三封信被丢失了。其中一九三五年十二月十三日一封与本文有关,内容很重要。现查一九三五年十二月廿一日来信说:

数日前寄奉一函,谅已达。近来常有关于我的谣言,谓要挤出何人,打倒何人,研究语气,颇知谣言之所从出,所以在文坛之闻人绅士所聚会之阵营中,拟不再投稿,以省闲气。前回说过的那一个短篇,也不寄奉了。

这里所说的"数日前寄奉一函",我遍找无着,而《鲁迅日记》记有十二月十三日,"得赵家璧信,即复"。可见确有此信无疑。再从廿一日来信语气中看,鲁迅表示不再把短篇创作集如约交给良友公司，那么，十三日来信中肯定谈到过这个短篇集。可惜此信已失，究竟说了些什么，已无从查考了。鲁迅所以"不寄"的理由，是由于文坛的"谣言"。过去我也从未研究过这件事，十年动乱时期的最后一二年，来自四面八方的青年鲁著注释工作者，屡次要我谈谈这封信中所谓"谣言"的背景材料，我实在"无可奉告"，事实也确实如此。幸而这几年，不但出版了许多有关鲁迅的文献资料，又有不少当年身历其境者写出了第一手回忆录，现在有条件能把当时有些无法理解的事弄清了。

　　查《鲁迅书信集》，在十二月廿一日发给我信的前两天，鲁迅写给杨霁云信中，同样说到常州报上，有由沪报转载的关于鲁迅的谣言。鲁迅说："此种伎俩，为中国所独有，殊可耻。但因可耻之事，世间不以为奇，故诬蔑遂亦失效，充其极致，不过欲人以我为小人，然而今之巍巍者，正非君子也。倘遇真小人，他们将磕头之不暇矣。"这说明当时上海小报，确有不利于鲁迅的谣传。同一天写给曹靖华的信，谈到《译文》停刊的事，信中似有所指，颇感不平。现在核对黄源近著《鲁迅书简漫忆》①，其中对当时发生的有关《译文》和"译文丛书"停刊、复刊和易地出版的经过，记述甚详，说明那时确实发生过一些使鲁迅感到不快的纠纷，但此事与良友公司毫无关系。社会上好事之徒从中造谣，挑拨离间，各地小报互相转载，那是完全可以理解的。城门失火，殃及池鱼，我的一个美好的梦想，无端地被那些"谣言"所戳破了。这部短篇小说集就是历史小说集《故事新编》，后来鲁迅改交文化生活出版社出版了。

　　鲁迅虽然没有来得及为良友公司写部创作集，但他为良友公司的"中国新文学大系"（小说二集）《苏联版画集》和麦

---

① 《鲁迅书简漫忆》，1979年5月，浙江《西湖》文艺编辑部出版。

绥莱勒的《一个人的受难》编选写序,还介绍葛琴、周文等的创作小说,梵澄、夏征农等的翻译作品给"良友"出版。特别值得一提的是,直到他逝世前三天,还在为曹靖华编译的《苏联作家七人集》写序,它是和《苏联作家二十人集》有着密切关系的,也是鲁迅介绍给"良友"出版的最后一部书。

1981.2(《新文学史料》1981 年第 2 期)
《鲁迅诞辰百周年纪念集》,湖南人民出版社版
1981.5 修改

鲁迅与连环图画

——关于《一个人的受难》

鲁迅战斗的一生中,特别是在上海的最后十年里,在领导革命的美术活动方面,同他在领导革命的文学活动一样,都起到了"这个文化新军的最伟大最英勇的旗手"的作用。在美术方面,除了大家所熟知的倾注全力于倡导和扶植新兴木刻版画运动外,他替当时在社会上广泛流行,为广大人民群众所喜爱,但不被文人雅士所重视的通俗文艺读物——连环图画,大声疾呼,挺身辩护。

三十年代,上海文艺界掀起过两次有关连环图画的论争,鲁迅为此写过四篇文章。他又为第一次从国外移植来的木刻连环图画《一个人的受难》写了序,由良友图书公司出版,又写专文讨论"翻印木刻"。更值得一提的是为了把"社会上流行的连环图画……加以导引",他曾试图对旧连环图画进行改造。后两件事,我都有幸参与其间。二十年前,我曾在《人民日报》文艺版写过一篇千字短文[①],略述梗概,因篇幅所限,语焉不详。现在一边回忆,一边查阅我所能找到的资料,有些事还请教了熟悉当时情况的赵宏本同志等,把有关鲁迅与连环图画的往事,写成这篇史话。

---

① 《鲁迅和连环图画》,《人民日报》(文艺版),1961 年 9 月 26 日。

一

第一次的论争,是在"左联"提出文艺大众化问题后引起的。

一九三〇年三月二日,中国左翼作家联盟成立。在这以前二十多天(二月八日),鲁迅就给《大众文艺》写了第一篇题为《文艺的大众化》的文章。他提出"应该多有为大众设想的作家,竭力来作浅显易解的作品,使大家能懂爱看"。对于旧的流行的东西,他认为不能采取"迎合和媚悦"的方法,要有所增删,逐步变革,"以挤掉一些陈腐的劳什子";在当前条件下,只可以进行一定程度的大众化而已。这种面向大众,逐步利用、改造,实事求是的态度,贯穿在他后来对连环图画的理论探讨和实践过程之中。虽然那篇文章中还只提到唱本,但没有述及连环图画。

"左联"正式提出利用和改造连环图画,是在一九三二年"一·二八"战争之后。三月九日"左联"所作"目前具体工作决议"里,在各委员会目前最紧要的工作项目下,虽列有"创作革命的大众文艺(壁报文学、报告文学、演义及小调唱本等等)",[①]也还没有把连环图画包括在内。直到四月二十五日以小册子形式出版的"左联"刊物《文学》创刊,以《上海战争与战争文学》专号面目同读者见面时,一共三篇长文中倒有两篇提到连环图画。洛扬(冯雪峰)在《论文学的大众化》中说,"我们可以而且应当利用这种大众文艺的旧形式,创造大众文艺,即内容是革命的小调、唱本、连环图画、说书等"。史铁儿(瞿秋白)说得更具体,他说,"所以普洛文艺所要写的东西应当

---

① 《鲁迅著作注释有关材料》,人民文学出版社。

是旧式体裁的故事小说、歌曲小调、歌剧和对话剧等,因为识字人数极端稀少,还应当运用连环图画这一形式"。① 据我所见,把连环图画列入文艺大众化的范围,这是最早载于革命文献的。

当时民族危机和阶级矛盾日趋激化。日本帝国主义的大炮,惊醒了生活在十里洋场中的上海人民,而作为旧中国文化中心的上海,文化上的"围剿"和反"围剿"斗争也进入了白刃战的阶段。托派分子,打着"自由人"旗号的胡秋原在《文化评论》上写文章反对"左联"领导的革命文学运动,恶毒咒骂文艺大众化。洛扬在六月六日的《文艺新闻》上痛斥他的"丑脸谱"。七月号《现代》上,该刊编辑之一杜衡,署名苏汶,打着"第三种人"的旗帜,跳出来同胡秋原一搭一档,攻击"左联",讥讽主张改造连环图画的人。他说,"他们鉴于现在劳动者没有东西看,在那里看陈旧的充满了封建气味的(就是说,有害的)连环图画和唱本,于是他们便要求作家写一些有利的连环图画和唱本给劳动者看……这样低级的形式还产生得出好的作品吗?确实,连环图画是产生不出托尔斯泰,产生不出弗罗培尔来的……"。他接着还说,"终于文学不再是文学,变成连环图画之类,而作者不再是作家,变成煽动家之类"。② 反动文人已结成一伙,向革命文艺全面扑来。他们主要围绕着"文艺自由"的问题,反对文艺为政治服务。由于苏汶在连环图画问题上坚持全盘否定的态度,因而在美术范围内,同时引起了一场论争。在这场论争中,站在革命文艺方面的主将就是鲁迅。

在这场论争中鲁迅发表两篇重要文章。现在查得写成于十月十日的《论"第三种人"》是作者直接寄给苏汶的,这在

---

① 《普洛大众文艺的现实问题》,《瞿秋白文集》,第3卷,第863页。
② 苏汶:《关于'文新'与胡秋原的文艺论辩》,刊于《现代》,第1卷,第3期。

发表此文的《现代》第二卷第一期末页编者所写的《社中日记》可作证明。鲁迅在文章中说:"左翼虽然诚如苏汶先生所说,不至于蠢到不知道'连环图画是产生不出托尔斯泰,产生不出弗罗培尔来',但却以为可以产生出密开朗该罗、达文希那样伟大的画手。而且我相信,从唱本说书里是可以产生托尔斯泰、弗罗培尔的。"鲁迅对于苏汶,还是从团结的愿望出发,用说理的态度,等待他自己认识错误,转变立场。冯雪峰生前回忆说,"鲁迅《论"第三种人"》最后一句'怎么办呢?'是我加上的,引用苏汶的原话,意在给对方留个后路"。[①] 鲁迅把这篇文章直寄苏汶交《现代》发表,也是从团结的愿望出发的一种宽大胸怀的具体表现(以后还在《文化月报》上重刊一次)。但是苏汶如何呢?他把这篇重要文章放在他自己所写、为他的错误主张进一步辩解的《论文学上的干涉主义》后面。这种利用编辑职务上的便利所耍弄的不光彩的小动作,同鲁迅光明磊落的态度,正是一个鲜明的对照。最近,林默涵在谈到当年鲁迅如何对待"第三种人"时,也说过这样一段话:"鲁迅……那篇《论"第三种人"》的文章,在理论上毫不妥协,指出作家超阶级之不可能,同时又有劝诱他们认识真理之意,而不是简单地骂。等到他们真正变成了国民党的鹰犬时,鲁迅先生就毫不留情地加以鞭挞了"。[②]

第二篇文章写成于十月二十五日。从《"连环图画"辩护》这个题目看,就一目了然于作者卫护这一通俗文艺读物

[①]《冯雪峰同志关于"左联"等问题的谈话》(1973年8月3日),《鲁迅研究资料》第2期,第173页。

[②] 林默涵:《解放后十七年文艺战线上的思想斗争》,《人民文学》,1978年5月号。

的坚定而明朗的态度。他说:"苏汶先生的文章,他以中立的文艺论者的立场,将'连环图画'一笔抹杀了。自然,那不过是随便提起的,并非讨论绘画的专门文字,然而在青年艺术学徒心中,也许是一个重要问题,所以我再来说几句。"当连环图画在社会上不受重视,即使在进步文艺界中,也有人把它看做低级、粗俗、落后的读物而不屑一顾的年头,鲁迅却从这一文艺形式里看到了它深入民间的伟大的生命力,看出了它有一个光辉灿烂的美好前程,因而排除异议,站出来为它进行辩护。他引用古今中外的许多实例,"证明了连环图画不但可以成为艺术,并且已经坐在'艺术之宫'的里面了",从而驳斥了连环图画是不是艺术的论调。这篇文章的重要意义,还在于鲁迅突破了当时对流行的连环图画的狭隘概念,从纵横两个方面扩大了我们的视野。从中国的《孔子圣迹图》《耕织图》、印度的石窟画、意大利教皇宫殿里的宗教壁画,到达·芬奇的《最后的晚餐》,让我们在中外美术发展史上看到了流行的连环图画最早的渊源。同时又让我们的目光转向当代国外美术园地,去接触一些从十九世纪后半期版画复兴以来"用几幅版画汇成一帖的'连作'(Blattfolge)"。鲁迅在文章中列举了德、比、英、美四国六个作家的十七部代表作品,每书都附上英文译名,并对内容分别作了扼要介绍。这类美术作品是从西洋的书籍插图发展而来,和文字一分开,也就近似独立的连环图画了。此外,介绍的画家中,如麦绥莱勒、珂勒惠支和梅斐尔德等,他们的作品还具有革命的思想内容,对中国连环图画大众化工作,更有值得借鉴之处。所以这篇文章的发表,在论争方面,起了击溃论敌的决定性作用;对进步文艺界来说,勾起了许多读者想一睹原作真面目的强烈愿望。刊载此文的《文学月报》，正好从这第四期起改由周起应（周扬）主编。编者似乎猜到了读者的心理，所以在这一期里，特别加印了一幅插页。用紫色油墨翻印了麦绥莱勒的三幅木刻（见书前插图），占一面；反面印的是珂勒惠支的两幅。麦绥莱勒的作品都选自《一个人的受难》。在当时条件下，文学刊物加印这样一张彩印插页确是难能可贵的。

苏汶对连环图画的全盘否定还遭到其他左翼作家的反击。其中特别值得一提的是茅盾。他和鲁迅一样用"连环图画"作题，发表了题为《连环图画小说》的文章。[①] 他肯定了这种当时也称为"小人书"的连环图画"也是最厉害最普遍的'民众教育'工具"。他从文学角度出发，认为"这一种形式，如果很巧妙地应用起来，一定能够成为大众文艺最有力的作品。无论在那图画方面，在那文字方面（记好！这说明部分就是独立的小说），都可以演进成为艺术品！而且不妨说比之德国的连环版画还要好些"。他特别用一句加括号的话，说明他对连环图画文字说明部分的高度评价，并且称这种通俗文艺读物为"连环图画小说"。我们知道正是这一图文并茂，艺术与文学密切结合的特点是我国连环图画传统的民族形式，是国外木刻连环图画所不具备的。

这年年终，苏汶利用他替现代书局编选《中国文艺年鉴》的便利，又在书前写了一篇又臭又长的序文，称为《一九三二年中国文坛鸟瞰》，发出了他在这场论争中遭到惨败后最后的呻吟。他对鲁迅推荐德、比等国版画作品强词夺理地说："但是鲁迅无意中却把要是德国版画那类艺术品搬到中国来，是

---

① 《文学月报》第1卷，第5、6期合刊，1932年11月。

否尚能为一般大众所理解,即是否还成其为大众艺术的问题忽略了过去,而且这种解答是对大众化没有直接意义的。"鲁迅对这一点,直到次年把麦绥莱勒的四种木刻连环图画移植到中国来写了《论翻印木刻》时,才予以有力的答复。①苏汶还在《鸟瞰》中说,他的"意见与胡秋原并无差别",他的"主张和态度,主要的表现在《论文学上的干涉主义》那篇文章里"。这篇文章就是我前面所说发表在与鲁迅的《论"第三种人"》同一期的《现代》上。苏汶这种顽固不化玩弄手法的卑劣行径,使鲁迅认识了他那不可救药的本质。所以次年四月,鲁迅在给日本友人增田涉信中说:"所谓'文艺年鉴社',实际上并不存在,是现代书局的变名。写那篇《鸟瞰》的人是杜衡,一名苏汶……自称超党派,其实是右派。今年压迫加紧以后,则颇像御用文人了。"②

二

一九三三年春,有一次去见鲁迅先生时,谈到他同苏汶的论争,也谈到他文章中所提到的几种既有艺术价值又有进步意义的德、比版画作品。"良友"过去出过不少美术和摄影画册,但质量不高,鲁迅曾几次鼓励我们利用有利的印刷条件,出版一些有益的美术画册。那天他表示,如果能引进德、比等国的木刻连环图画,翻印几种,可给我国的美术学徒扩大眼界,吸取营养;对改造旧连环图画,创造新连环图画,也可以有所启

---

① 我于1961年9月26日为《人民日报》写的短文中,因当时未及查核有关资料,误以为苏汶的《鸟瞰》发表于良友公司出版麦氏画册之后,特此更正。
② 《鲁迅书信集》,第1173页。

发，有所借鉴。他还笑着说，也可以让杜衡之流看看，连环图画是否已经成为艺术品了。他这番话我记在心头。

七月中，我去江西路德国人开的璧恒书店看看，忽然发现书架上陈列着四种袖珍本木刻连环图画，就是鲁迅文章中所说"每本三马克半，容易到手了"的麦绥莱勒版画作品的普及版，我立刻把它买了回来。灯下翻阅一遍，画面黑白鲜明；利用巧妙的比喻，构图发人深想；故事情节结构，也富有艺术手腕。看完一本木刻连环图画，等于读了一本意味深长的文学小说。四种画册没有一个字说明，其中两种附有长序。我征得经理同意后，八月一日把《一个人的受难》和另外一种寄给鲁迅，告诉他我们准备把四种全部翻印的计划，要求他帮助我们在两书前各写一序，并把其中一篇德文长序译成中文。四日收到鲁迅复信说：

> 一日惠函，我于四日才收到。
> 译文来不及，天热、我又眼花，没有好字典，只得奉还，抱歉之至。序文用不着查什么，还可以作，但六号是来不及的，我做起来看，赶得上就用，赶不上可以作罢的。
> 书两本，先奉还，那一本我自己有。

他自己有的一本就是《一个人的受难》。可见《文学月报》插页中的三幅麦绥莱勒作品也是由鲁迅供给的。此信中虽说"序文六号是来不及的"，但他为《一个人的受难》写的序文还是在七日就寄出了。附寄的信中说：

> 为《一个人的受难》写了一点序，姑且寄上，如不合用，或已太迟，请抛掉就是，因为自己看看，也觉得太草率了。

这篇不到二千字的序，前半介绍画家生平，后半为二十五幅连环画写了简单扼要的说明。这二十五节文字说明，至今还被连环图画编辑工作者称赞为"同样表现了他的语言的艺术力量"，是编文工作者学习的典范。①

有一百六十五幅木刻画的自传体连环图画《我的忏悔》（原译《我的祷告》），书前有德国著名作家托马斯·曼写的长序，这本画册我是寄给精通德文的郁达夫的。他也没有时间译长序，仅写了一篇短文。郁达夫给我的五六十封信，十年浩劫中都已不知去向，真是言之痛心。最近从孔另境编《现代作家书简》（1936年，生活版）中发现收有达夫给我谈《我的忏悔》的信，弥足珍贵，附录如下：

> Massereel的画集Mein Stundenbuch中所刻者，系他的自传，译作《我的忏悔》或比较适当。原书是有计时、历程的意思的。Mein系My，Stunden系hours，buch即Book也。法文的成语Livre d'Heures，亦是Book of the Hours之意，此外有更适当的译法与否，我不知道。总之，此书是他的自传及经历，实无前后连贯的故事的。
>
> 余事面谈，序文这几日内写好，大约有二千多

---

① 姜维朴：《鲁迅论连环画》，人民美术出版社，1956年版。内有《学习鲁迅论连环画文章的体会》一文。

字,三千字不足。

来信的日子是八月廿四日。此外《光明的追求》(原译《太阳》)请叶灵凤写序。《没有字的故事》由我写一短文印在前面,既为故事写了说明,也谈了编辑出版的意图。这四种书都是鲁迅文章中所推荐的,我们总称之谓《木刻连环图画故事》,十月八日登报出书。我把样书于前一天送给鲁迅。他八日复信说:

> 惠函及木刻书三种又二十本均收到,谢谢。这书的制版和印刷,以及装订,我以为均不坏,只有纸太硬是一个小缺点;还有两面印,因为能够淆乱观者的视线,但为定价之廉所限,也是没有法子的事。
>
> M氏的木刻黑白分明,然而最难学,不过可以参考之处很多,我想,于学木刻的学生,一定很有益处。但普通的读者,恐怕是不见得欢迎的。我希望二千部能于一年之内卖完,不要像《艺术三家言》,这才是木刻万岁也。

这封信,对一个青年编辑,充满了鼓励和支持的热情。信末对《艺术三家言》所作的讥讽是因为在我进"良友"前,"良友"曾出版过一本由朱应鹏、张若谷和傅彦长三个自称为"艺术家"合写的文集,书出版后,堆存仓库,无人问津。我曾把此事无意间当笑话告诉过鲁迅,他就在此信中顺便扫了一笔,也说明他的爱憎分明,并寄厚望于这四种从国外移植来的奇花异葩。

麦氏作品被引进出版后，果然引起进步文艺界的注意，当时在各种报刊上发表了许多书评。十一月六日，鲁迅以《论翻印木刻》为题，专门谈了这件事。文章是这样开头的：

> 麦绥莱勒的连环图画四种出版并不久，日报上已有了种种的批评，这是向来的美术书出版后未能遇到的盛况，可见读书界对于这书，是十分注意的。但议论的要点，和去年已不同：去年还是连环图画是否可算美术的问题，现在却已经到了看懂这些图画的难易了。

这种读者反应，鲁迅早已预见到。他之所以把麦氏作品在《"连环图画"辩护》中介绍给中国读者，后来虽然看到苏汶在《鸟瞰》中强词夺理的一套，却仍然极力支持我们的翻印工作，是"因为我本也'不'在讨论将'德国版画搬到中国来，是否为一般大众所理解'；所辩护的只是连环图画可以成为艺术，使青年艺术学徒不被曲说所迷，敢于创作，并且逐渐产生大众化的作品而已"。提出移植来了是否就是中国的大众艺术这样的问题，只能说明苏汶的"低能"。鲁迅还在这篇文章中说："现在的社会上，有种种读者层，出版物自然也就有种种，这四种是供给知识者层的图画。"而且认为"总得翻印好几种，才可以窥见现代外国连环图画的大概"。可惜这个任务，我们没有继续替他完成。鲁迅自己于一九三六年一月为珂勒惠支的铜刻连环图画《农民战争》所写的文字说明，已编在《凯绥·珂勒惠支版画选集》中。该书精印限定本一百另三册，出版于七月中，由他自己抱病折叠装订成书的。① 据最近姜德明作《鲁迅与梅斐尔德的〈你的姊妹〉》②，得知一九三〇年，鲁迅还曾把《你的姊妹》连续性木刻七幅编成一册，自己还为它设计了封面，在扉页上手书了五行小引，可惜当时没有出版。据说这批资料迄今完好地收藏在北京鲁迅博物馆，这对关心鲁迅与连环图画关系的研究工作者是一件重要的发现。

对四种画册的移植，茅盾曾以《木刻连环图画故事》为题写过一篇书评。他说："赵家璧先生在《没有字的故事》的序文中也说到近年来'深入民间'的中国'连环图画小说''急应改良和提倡'一问题……我们很赞成。因为麦绥莱勒作品的'搬来'对于中国现在从事木刻而且打算创造新式的进步的连环图画小说的人们，确是一种有价值的参考。然而所谓'参考'也者，应当注重在形式——即技巧这一方面。"至于其他方面，茅盾认为我国流行的连环图画有它的"特殊的形式"，既有图，又有文字，而且图画本身上也附有文字，这和麦绥莱勒的作品完全不同，但"要想从大众中驱走那些有毒的旧'连环图画小说'，目前尚只能'利用'这旧形式再慢慢加以提高"。③ 他的观点是同鲁迅完全一致的。

我当时在那篇序文中，作为编辑工作者，确实表示过如下的看法。我说："这几部书愿意在服役于小市民的旧式连环图画和来日成为大众文艺的中国木刻连环图画之间，当一次较有意义的媒介。"我这种认为短时期内就可以有一大批我们自

---

① 鲁迅编选《珂勒惠支版画选》1936年有文化生活出版社的普及本，上海出版公司于1950年又重印一版。
② 《中国现代文艺资料丛刊》第四期，第154—163页，上海文艺出版社，1979年版。
③ 茅盾：《话匣子》，良友图书公司，1934年版，第228—242页。

己创作的木刻连环图画随之出现,而这种东西就是大众文艺的想法,是非常幼稚和不切实际的,理应受到茅盾的批评。他说我"似乎倾向于纯用图画,不加文字,自然,在图画中人物身旁注了姓名,甚至从人物嘴巴里拖出两条线来注了重要对话——这种'形式'太没有'艺术相'了;可是这样的'形式'却正为文化水准低下的中国大众所了解,所需要"。后来鲁迅给赖少其的信中也说过:"现在的木刻,还是对于知识者而作的居多,所以倘用这刻法于'连环图画',一般民众还是看不懂。"① 一九四九年七月我去北京参加第一次文代大会,参观了当时举行的"第一次全国美展",才有机会看到许多套解放区美术家创作的既有高度艺术水平又具有革命内容的我们自己的木刻连环图画,其中如力群创作的《小姑贤》《刘保堂》和罗工柳、张映雪创作的《李有才》《小二黑》等。当时我已在晨光出版公司担任编辑工作,一九五〇年,编了一套《木刻连环图画丛刊》,把这些优秀作品都收入了,共出六七种,印数不多,而读者仅仅限于知识分子阶层。近三十年来的实践,更证明木刻连环图画不是一种普及形式的大众文艺读物,它同广大人民群众喜爱的连环图画是各有所长的。

三

第二次论争发生于一九三四年四五两月之间,主要围绕着如何利用旧连环图画的形式创作新连环图画的问题。战场就在上海《中华日报》副刊《动向》上。这个副刊由"左联"成员聂绀弩主编,四月十一日创刊,十二月十八日停止出版。

---

① 《鲁迅书信集》,第838页。

单从论争文章发表于《动向》的时间上看，第一篇是四月十九日魏猛克的《采用与模仿》，但追本溯源，引起争论的文章是发表于三月二十四日《申报·自由谈》上同一作者所写的杂文《"旧皮囊不能装新酒"》。魏猛克在这篇杂文中说：近来杂志上讨论大众化问题时，"引起了一二位真肯为大众教育着想的作家，由文字而注意到美术上的这'连环图画'，想要提倡一种改良'连环图画'的运动了。这实在是可喜的。但也有人提出异议，以为'旧皮囊不能装新酒'，应该从新创造一种美术上的新工具。"作者接着谈了有些日报上确已有人在创造新形式的连环图画，"但是那尝试的效果是很有趣的，不是弄得知识阶级认为非艺术而大众仍然看不懂，就是弄得不但大众看不懂，连知识阶级也看不懂"。作者从这里得到一个教训：就是"在旧社会未彻底改革之前，想要立刻改变一种风气和习惯是极其艰难的。我们只能尽可能地利用它，慢慢的转变它。……我们对于'连环图画'的旧形式，必须有条件的接受过来，尽可能掺进新的思想去……"这篇文章引起了不同的反应，因此他继续在《动向》上发表了《采用与模仿》，还加了一个副题：《关于投降旧艺术的问题》。文章中说到不久前他在《自由谈》上发表文章，"后来却有人因此牵扯到艺术家本身的问题，以为这便是'投降的艺术'"。魏猛克认为"从旧艺术中去采取其好处，我以为也不见得便是投降的艺术"。接着，作者说，关于这一问题曾写信与一位关心艺术的某先生讨论过，他认为这位先生的回答是非常中肯的，因此把他的话全部引录在文末。最后他说："倘关心艺术遗产的承受问题的人们，能够因此而展开更新的讨论，那也未尝不是很有意义的吧"。这样，一场论战就在《动向》上揭幕了。

鲁迅如何和何时参加这场论争的,过去一直没有弄清。许多鲁迅研究工作者都认为他写的《论"旧形式的采用"》是第一次表态。一九七八年二月十九日《光明日报》发表新发现的鲁迅于一九三四年四月九日夜写给魏猛克的信,再证以《采用与模仿》中所引用"某先生"的话,说明魏猛克发表此文前十天,已经去信请教过鲁迅(《鲁迅日记》载四月八日,"得魏猛克信")。鲁迅在信中讨论了古人的"铁笔画"和学吴友如画的危险之后,发表了如下精辟的论述:

> 新的艺术,没有一种是无根无蒂、突然发生的,总承受着先前的遗产。有几位青年以为采用便是投降,那是他们将"采用"与"模仿"并为一谈了。……既是采用,当然要有条件,例如为流行计,特别取了低级趣味之点,那不消说是不对的,这就是采取了坏处。必须令人能懂,而又有益,也还是艺术,才对。

这一段重要言论,魏猛克引用在他文章中,仅仅由于当时国民党反动政府不准鲁迅的名字出现在读者面前,作者才用了"某先生"的名义。在《光明日报》没有发表此信以前,我们根本不知道文中所说的"某先生"就是鲁迅先生,而魏文的题目也来自鲁迅复魏信中的一句话。

五天以后,聂绀弩用耳耶笔名写了一篇《新形式的探求与旧形式的采用》向魏猛克交锋。文章引了猛克的一段话后说:"以为一接受就是投降,恐怕应该叫作'左倾幼稚病'吧。但猛克先生的说法却也非常之类乎'投降'"。他一方面肯定"猛克先生不俨然成了旧艺术形式的辩护士吗？"另一方面主张："要艺术大众化，只有一条路，就是新形式的探求。新形式的探求才是艺术大众化的根本动力。"他还针对魏文中引用"某先生"的话加以嘲笑。他说："正因为立体派、达达派、未来派无法了解，我们还必须探求有法了解容易了解的新形式，而不能模仿已有定评的来路货。"这里所谓的"来路货"，不就是指鲁迅支持移植的麦绥莱勒和珂勒惠支等外国作品吗？

鲁迅本来是不准备在论争中出面写文章的，这可以从复魏猛克信中得到证明。当魏去信请教可否把讨论文章寄给日报时，鲁迅答复说："报上能够讨论很好，不过我并无什么多的意见。"但论争一开始，不但双方针锋相对，还有几个第三者也参加了。到五月四日为止半个月中陆续刊出了十三篇。这一天，鲁迅的《论"旧形式的采用"》在《动向》上用"常庚"笔名发表了，题目截取了耳耶文章题目的后半，所以加了引号。

五月六日，艾思奇的《连环图画大有可为》一文是和耳耶抱同一观点的。他说："我以为若有活生生的新内容新题材，则要大胆地应用新的手法以求其尽可能的完美，大众是决不会不被吸收的。"又说："若能够触到大众真正切身的问题，那恐怕愈是新的，才愈能流行。"鲁迅于三天之后用"燕客"笔名再写《连环图画琐谈》作答。他说："不过要商量的是怎样才能够触到，触到之法，'懂'，是最紧要的，而且能懂的图画，也可以仍然是艺术。"鲁迅再次申述了一贯强调的要使大众"能懂爱看"的基本观点。此后论争又继续进行了二十多天，到五月廿四日才结束。

当时"左联"中有些对文艺大众化抱着偏激看法的同志，反对采取旧形式中值得继承的部分而主张直接探求新形式。至于"采用连环图画旧形式"问题的论争于见报前,"左联"内部是否讨论过,我曾去信请教魏猛克同志,他答复说:"大概'左联'曾有一些人漫谈过。"

四

一九三四年五六月间,第二次论争已近尾声时,我有事去见鲁迅,顺便又谈到连环图画问题。他问我四种画册销路如何,听到些什么反应,读到些什么书评。我向他提到《大晚报》副刊上有人建议《木刻连环图画故事》不宜满足于放在书店的大玻璃橱窗里,应当扩大地盘,走向露天书店(指租书摊)去争取广大读者。①鲁迅听了哈哈大笑。他说,这四种画册同流行的连环图画的读者之间距离太大了,要使连环图画真正做到大众化,改造过来,光在报刊上写文章,发议论,争得面红耳赤也解决不了问题。隔了一会儿,他抬头问我:你有办法到出版连环图画的那个圈子里去摸些情况,做些调查研究工作吗?这类通俗读物如此广泛流行是有它历史的和社会的原因的。你在这方面下些功夫,然后到他们那里去找几位比较高明的画家,由我们来供应编好的文字脚本,请他们画中国历史上大家知道的人物和群众喜闻乐见的故事。他以旧小说中的《白蛇传》举例,他说,事迹不妨有所增删,对于白素贞那种百折不回的勇气可以强调,对于为了报私恩而水漫金山就不要过于渲染。至于绘画的构图技法,他认为可参考吴友如的《点石斋画报》和旧小说的绣像,不要用印象画,也不要用麦绥莱勒木刻画中的明暗法,使还没有欣赏水平的人也喜欢看,看得懂。最后他对

---

① 胡依凡:《评木刻连环图画故事》,刊于《大晚报·火炬》,1933年10月29日。

我说,把那些旧画家争取过来,开始不对他们提出太高的要求,通过我们的合作,可能闯出一条新路子。我提出例如《阿Q正传》和高尔基的《母亲》也可以请他们画。鲁迅说,这些题材慢慢来,不要急。

当时流行于上海的连环图画,最初被称为"小人书",虽脱胎于元、明、清各朝的说部和戏曲中的插图,却有它本身发生和发展的历史,是半封建半殖民地旧中国的产物。阿英的《中国连环图画史话》,对这方面也谈得不多。我为了写这篇文章,初次看到解放后由十多位旧连环图画画家集体回忆整理的一份珍贵史料,① 提供旧连环图画复杂的历史和背景。据他们说,一八八四年《点石斋画报》刊有记录朝鲜东学党事变过程的十幅图画是连环画最早见于石印画报的实例。一九〇八年上海文益书局出版朱芝轩编绘的《三国志》,有图二百多幅,是最早刊行的石印连环画。这两套画,承前启后,为后来的"小人书"开辟了道路。一九一三年,石印新闻画报风行一时。它采用旧年画的形式,单张四开,每份有图八至十六幅,具有图文并茂的特点,加上小贩沿街叫卖,极受群众欢迎。一九一六年,《潮报》第一家用有光纸把单张印改成折子式,随后又装订成册。原来出版宝卷唱本的小书商便各寻门路去找画家,抢新闻,"小人书"就这样诞生了。这种袖珍本的特色,沿袭至今,迄无大变。一九一八年丹桂第一台开始上演连台本戏《狸猫换太子》,"小人书"内容有了新发展,书商从抢新闻转而抢京戏题材,连环画跟着连台本戏依样画葫芦地一本接着一本出;到电影院成为上海市民消遣场所,国产电影登上银幕时,题材范围更扩大了。

---

① 上海文献出版社保存有一部关于旧连环图画调查研究的原始资料,此处引用该批资料的总序《连环图画发生发展概况》,系打印稿。

无钱进剧场影院享受的劳动人民，就通过读"小人书"满足他们的文娱生活，对识字不多的人更是自学文化的捷径，少年儿童也是它的主要读者。一九二四年，亚光书局出版朱润斋画的《天宝图》，分成上中下三册。杨树浦工厂区几个经售唱本并代售"小人书"的摊贩，想出了一个出租"小人书"的新办法。这对读者来说，租书比买书便宜；对出版商来说，天天有新书出，天天有新生意，周转方便，吸引读者。于是上海街头忽然出现了许许多多租书摊。茅盾在一九三二年写《连环图画小说》时，曾生动地描述了当时的景象。他说："上海街头巷尾像步哨似的密布着无数的小书摊……谁化了两个铜元，就可以坐在那条凳上租看摊上的小书二十本或三十本。"他还同前几年相比说："记得是五六年前罢，上海这些街头巷尾的小书摊上主要还是些苏滩、时事五更调之类的唱本，连环图画绝无仅有。到现在则从前居于主要地位的唱本已退居于一角，有些摊子上简直没有。"这些经营书摊的人，有的文化水平很低，有的根本是文盲。后来他们看到出版"小人书"有利可图，便找画家，收学徒，随便取个什么书局的名字，一变而成为连环图画出版者。一九三二年左右，这样的书商约有三十余家，自称"大同行"，霸占了连环图画出版业。他们很多是苏北人，店址集中在闸北开封路公益里，另有三四家设在四马路，形成一个封建行帮，不让别人插手。他们出版的书，内容极大部分是宣传封建迷信，神怪武侠，诲淫诲盗的。至于"小人书"改称为连环图画，是一九二七年的事。① 规模很大的世界书局也一度出版"小人书"，那年三月，他们请陈丹旭画了一部《三国志》，用黄裱纸做封面，

---

① 根据曾担任过该书局经理的朱联保著《在上海世界书局工作的回忆》说，是一九二七年六月。

书名用大红颜色印上《连环图画三国志》七个字。从此,"小人书"有了连环图画的正名,虽然至今还有人沿用旧称的。

我听完鲁迅的话以后,感到这是件非常有意义的工作,通过这个方法,可以逐步"挤掉一些陈腐的劳什子"。但是搞旧连环图画的人我一个也不认识。鲁迅也知道这一点,却仍然鼓励我不妨试一试。大约一个月以后,我便找现代书局张静庐介绍,去福州路一条弄堂里,找到惜阴书店的店主。店堂里中间挂着关云长的画像,供着烛台香炉;我一看就知道他是上海滩上的"白相人"。我向他直率地提出我的要求,希望他能介绍一两位画家同我们合作。他没有听完我要讲的话,干脆回绝了。他恶狠狠地对我瞪着双眼说:"我们的画家是从来不给别人画画的。"

我未甘失败,又辗转托人,认识了两位他们的画家,恳求他们接受我们准备提出的文字脚本,替"良友"创作两部新的连环图画。他们告诉我,他们画一本连环图画,编文绘画,一人包干,根本不知道需要什么文字脚本。同他们深谈后,才了解了他们的痛苦处境。他们都受雇于店主,拜店主为师。店主利用封建的师徒合同,不论满师之前满师之后,都把他们的劳动成果据为己有,进行残酷的剥削。为了赶出新作抢时间,经常被关在旅馆里日夜不停地画,每天要画三四十幅,背景和人物身上的"衣花"等次要工作由学徒担任。学徒工资每月三四元,画家每绘二百四十幅也仅给七元钱。有的店主把画家隐藏在乡下,不让他们与外界接触。他们既没有创作的自由,连起码的人身自由也被剥夺。我记得同他们在一家茶楼谈话的结果,他们因为怕得罪店主,婉言谢绝。我的第二次尝试,也告失败了。

鲁迅在《论"旧形式的采用"》中曾说:"现在社会上的流行连环图画,即因为它有流行的可能,且有流行的必要,着眼于此,因而加以导引,正是前进艺术家正确的任务。"鲁迅这次给我的任务就是想通过具体实践来试加导引,进行改造,可惜限于当时的社会条件,虽经努力,一事无成。当把两次尝试的经过告诉鲁迅先生时,他虽表失望,但对我还是备加慰勉。他劝我不要再去找那些"霸头"了。他说,你再去的话,可能把你痛打一顿。他知道我作了努力而失败后,站起身来,乐观地对我说:"这条路,今天走不通,将来总会有人走过来的!"

中华人民共和国成立后,中央和各省市都设有专业连环图画的出版机构,年销售量以亿万册计数。一支连环图画创作队伍已茁壮成长,连环画家已成为美术界不可缺少的组成部分,优秀的连环画创作经常在国内外展出。编文与创作明确分工,因而与文学作品发生更紧密的关系。半个世纪前,在《文艺的大众化》结尾处,鲁迅曾说过:"总之,多作或一程度的大众化的文艺,也固然是现今的急务。若是大规模的设施,就必须政治之力的帮助,一条腿是走不成路的,许多动听的话,不过文人聊以自慰罢了。"当鲁迅预期的美好的社会主义社会已在我们眼前成为现实,而全国文艺工作者正在庆祝"左联"成立五十周年的今天,想想过去,比比现在,我们怎么会不感到鲁迅的伟大和正确!只有在党的领导下,在"百花齐放、百家争鸣"方针的指引下,连环图画才能在质和量的方面得到全面的飞跃的发展。万紫千红,满园春色,连环图画与人民大众真正密切地联系在一起了。

另外,《一个人的受难》作者比利时版画艺术家麦绥莱勒曾于一九五八年十月来华访问，并在京沪举行个展。据参加接待工作的卜维勤同志最近告诉我，麦氏访问期间，对于鲁迅于一九三三年介绍他的作品给中国读者表示感谢。麦氏尊称鲁迅为世界第一流艺术大师。他说，他同鲁迅是站在同一条战线上的战友，共同反对世界上一切最反动，最丑恶和最阴暗的东西的。访问结束时，陈毅副总理曾代表中国政府接见麦氏一行，并把我国出版的麦氏作品《木刻连环图画故事》四种送给他。麦绥莱勒高兴地接受了，并且十分激动地说："这不仅是四本书，而是全人类的四分之一对我的艺术的支持"。①

1978.12 初稿（《美术》，1979 年第 8 期）

1980.3 二稿（《连环画论丛》，第 2 辑）

1981.3 修改

---

① 见《麦绥莱勒木刻选集》，马克·卜维勤代序，上海人民美术出版社1981年版。

丁玲的《母亲》是怎样出版的？

——重见丁玲话当年

一

我这次去北京参加第四届文代会，暗中怀着这样一个心愿：今后机会越来越少了，要尽量设法看到或是去看望三十、四十年代对我在"良友"和"晨光"的编辑出版工作上，曾给我以种种帮助和支持的老作家、老朋友们。其中不少人已远离尘世，健在的简直无例外地经受了"十年浩劫"的考验，而丁玲同志遭遇的恶运，比别人更长十年。一到北京就听说她病了，但作协大会上亲聆到她如泣如诉、令人肠断心裂的发言；十一月十七日冯雪峰同志追悼会后，我终于在礼堂门口远远地见到她。我上前去招呼时，她大约已认出我来，说："你是办'良友'的吧。"她热情地约我次日去友谊医院看她。我说："等你病愈后再约见吧。"她坚持说："不妨事，欢迎你来。"三天后的下午，由舒济同志陪我到了她的病房。她的爱人陈明同志虽属初见，同样亲切接待。

丁玲靠卧在临窗一张长沙发上，背后高高地垫了一床被。满头白发，脸上刻下了许多深深的皱纹，更显得这位老作家已历尽沧桑，受够了折磨，我心中替她难过。当我们一开口，自然而然地谈到三十年代许多往事时，她的精神立刻抖擞起来，脸上不时露出笑容。我这次就是要告诉她《母亲》是怎样出版的，以及鲁迅对此书的关怀支持。当时发生的有些事，我还要请教她帮我一起回忆。这些事，四十多年来一直没有机会向她谈。第一届文代大会时，解放区和国统区的两支兄弟文艺队伍在京胜利会师，当时丁玲忙得没有余闲听我讲。第二届我没有出席。到一九六〇年第三届文代大会召开时，主席台上没有了她的席位，大会场里也不大见到她的踪影，据说她已远在北大荒劳动。粉碎"四人帮"，党中央拨乱反正，我们才能在首都重新见面。我们的友谊是一九三二年她第一次把小说《法网》交我编入"一角丛书"时开始的；但最有历史意义的是在她被捕后的一九三三年，我把她未完成的长篇《母亲》编入"良友文学丛书"出版了。

一九三一年胡也频牺牲后，丁玲把孩子送给湖南的母亲扶养，回到上海时，已经有了这部小说《母亲》的腹稿。她经常向"左联"同志提起她自己那个大家庭衰败和分化的情形，正是封建地主没落的过程，而她的母亲恰恰是前一代革命女性的典型。但由于革命工作的牵制，迟迟没有动笔。一九三二年五月廿六日，党的江苏省委宣传部委托楼适夷主持创办《大陆新闻》日刊，约丁玲写个长篇连载，她才决定动手写《母亲》，预计每天刊一千字，十个月可以登完。不料小说发表不到二十天，日刊被迫停刊。但在该刊上发表的作者给楼适夷的一封信，叙述作者创作的动机和打算，是研究这部小说的珍贵资料（我后来把它全文刊在《母亲》再版本之前，未得作者同意，擅自用了"代序"的名义）。

一九三二年秋，我筹备编辑"良友文学丛书"时，知道作者有这部长篇的写作计划，便向她约稿，她答应了。考虑到丛书的篇幅，作者又变更了原定计划，把长篇分成三部曲，准备分出三册。作者回忆说："《母亲》原打算写三部，详细的计划，我现在忘了。可能第一部写她从大家庭里走出来完成她的学习。第二部写她从事教育后的一些建树，直到一九二七年。第三部写她在大革命失败后，对革命的缅怀和向往，以及也频牺牲后又如何为我们抚育下一代。"当时她每写完一章就把原稿送给我们。到一九三三年四月中旬，我们已拿到四章约八万字，原来计划再写二三万字即可出版上册，不料五月十四日，作者突然在昆山花园路寓所与潘梓年同时被国民党特务绑架走了。

我们那天当然没有直接谈到关于被捕的事，但对当年营救最力者是什么人的问题，丁玲同志感慨系之地对我说："过去有些书上的说法，似乎'左联'没有管我而是另外的什么人在营救我，这不合乎事实。你可问问楼适夷，他最清楚。"我留京期间，曾和适夷同志作了一次长谈。他告诉我，营救丁玲的事都是党主持的。由民权保障同盟出面，组织了丁潘营救委员会，他代表"左联"参加这个组织，曾在南京路大三元粤菜馆招待记者，宣布向国民党要人，也登过报。带头的有柳亚子、鲁迅、杨杏佛等，以杨杏佛出力最大。那时一切商议都在李达家进行，李达爱人王会悟是丁玲的好友。适夷还谈到当时请外籍进步记者伊罗生和史沫特莱写报道，发消息给上海的西文报纸和国外进步刊物；同时发动上海的进步舆论界掀起一股抗议的宣传高潮。为了对付国民党反动派矢口否认的卑劣手法，当时有过这样一个设想：把丁玲的母亲从湖南接来上海，向法院正式起诉，可惜这件事后来没有如愿。不久,带头绑架丁玲的特务头目马绍武被打死在马路上,引起了社会上的极大轰动。适夷最后对我说,这些重大的历史事件都可在当时的报纸上找到。

我回上海后,得到两位文学青年叶孝慎、姚明强的协助,很快把需要的材料都弄到手了。丁玲被捕后,上海各报都无报道,五月十七日,英文《大美晚报》第一个揭露这条消息。五月廿三日,各报都刊登了蔡元培、杨杏佛、胡愈之、陈望道、柳亚子、林语堂、邹韬奋、叶圣陶等三十八人联名致电南京营救丁、潘的电文。六月十四日,中文《大美晚报》报道说,蔡元培、柳亚子等诸人已组织了丁、潘营救委员会,进行调查宣传。六月十五日,《时事新报》记者访问了蔡元培、杨杏佛二氏,据杨杏佛谈:"外传鄙人等业已组织援救团,实际尚未成事实。丁、潘二人现时究在何处,尚未得确实下落,因而无从着手援救,且援救亦须先待丁潘二人家属来沪,委托律师方可进行……"同一天的上海各报,却在显著地位刊登了一则惊人消息:马绍武已在昨晚被击毙命,露尸街头。中文《大美晚报》详细介绍了马绍武是上海公安局督察员(他原来是个叛徒),昨晚他坐自备汽车去三马路小花园某妓院弄口,被中三枪,立即毙命。他坐的汽车牌号是4223号;报馆还接到一位读者的电话揭发,丁玲被捕那天停在昆山花园路七号门口的汽车,挂的正是这同一牌号。

两天以后的六月十八日,杨杏佛惨遭国民党特务的暗杀。二十日杨杏佛追悼会在万国殡仪馆举行时,盛传鲁迅也已被列入黑名单,但他毫无惧色,置自己的生死于度外,与许寿裳同去吊唁。查《鲁迅书信集》载六月廿六日鲁迅致王志之信中,有这样一段话:"丁事的抗议,是不中用的,当局那里会分心于抗议。现在她的生死还不详……杨杏佛也是热心救丁的人之一，但竟遭了暗杀。"这是在鲁迅的书信集和日记中第一次提到丁玲被捕的事。其实这时，国民党反动派早已把她秘密地转移南京，不宣布，不审问，一直把她幽禁在那里。虽一度盛传被害，但慑于国内外进步舆论界的威力，国民党反动派始终未敢下此毒手。

二

我们那天有许多次谈到鲁迅。我看出丁玲同志对鲁迅怀着无限崇敬和衷心怀念之情。我把《母亲》如何提前出版的经过讲给她听了。

我那时考虑到不知何年何月作者才能继续把小说写完，这卷未完成的手稿，只有放进存稿柜的最后一格算了。但在作者被捕后三天，郑伯奇上班后，轻轻地对我说："鲁迅先生建议把丁玲的那部未完成长篇立刻付排，你可以写个编者按作个交代。书出得越快越好！出版时要在各大报上大登广告，大事宣传，这也是对国民党反动派的一种斗争方式！"我听到鲁迅的敦促，便立即把原稿重读一遍，五月二十日发排了。

作者第一次交稿时，曾交我一幅她母亲的照片，我就把它制版后印在书前。照片上她母亲穿了清代古装，坐在纺纱机前纺纱。对于这幅照片，出版后有人对我说，这幅照片根据丁玲母亲当时的具体生活条件，似乎不很真实，可能是画的。我为此请教丁玲同志。她说："你说的那幅纺纱照片是她在我出生前的一九〇二年照的。常德县刚有照相馆，有一天，我外祖母不在家，舅舅们叫到家里来拍摄的。大家都照了相，都是正襟危坐，只有我母亲独出心裁，照了一幅生活照片。实际正如你的友人所说，我母亲并不纺纱，她会绣花。我母亲遗像中还有拿锄头的。大约她喜欢这种生活，虽不能做，但摆个样子，照张相也是高兴的。这是她喜欢的一张照片，给了我。因此我就把它交给你们，准备放在书中首页。"足见作者当年把这幅照片给我是含有深情厚意的。我们的丛书都是软布面精装本，外加封套，初版本上印了作者画像，质量不高，再版时换了一幅。在她那圆大清澈的两眼里，充满着青春的活力，闪烁着对中国革命的无限希望。原照刊在苏联出版的英文版《国际文学》一九三三年第三期上，同时发表的有《中国左翼作家联盟为了丁潘被捕反对国民党白色恐怖所发的声明》英文本，附刊丁玲小传及失踪消息一则。我们就是从这本外国刊物上那幅照片翻印来的，拍摄者是美国进步女记者史沫特莱女士。据丁玲回忆，那天她是穿了一件黑绸长连衫裙去访问，当时由史沫特莱替她摄下的。这幅照片（见书前插图）丁玲自己也没有了。

　　国外的文学出版界素有发行作者签名本的传统，售价奇昂。为了使中国读者也养成这种爱好作者签名本的习惯（实际上也是一种以广招徕的广告术），丛书创刊后，也引进了这个方法，每种新书出版，先在门市部出售编号的作者签名本一百册，书价相同。实行半载，并未引起读书界的特殊兴趣。我们想，这次丛书第七种《母亲》出版，社会上都知道作者已被捕失踪，现在发售作者亲笔签名本，肯定会大大轰动，这倒也可以给国民党反动派开个玩笑。书于六月廿七日出版，我们在六月廿五日的《时事新报》和六月廿七日的《申报》刊登了大幅广告（见书前插图），特别注明廿八日晨在北四川路门市部先发售作者签名本一百册。这天上午九时铁门一拉开，读者果然蜂拥而入，签名本一抢而光，其余的也售出很多。下午，忽然来了两个身份不明的人，来势汹汹，声言要买十册签名本。门市部同事告诉他们早售完了，他们就在店堂中吵闹不休，高声咒骂："这种签名本完全是假的，大家都知道丁玲早已被捕失踪，你们的书刚刚印出，她那里会来在你们新出的书上签字。你们骗人！要见经理！"我们的经理知道门市部出了事，下楼了解后，上楼和我商量。我们决定请他们上来，把真相摊给他们看。于是我们把将出的其他作者已签上名的两卷作者签名纸给他们看。原来我们和作者签订约稿时，就交他一百张编号而空白的签名纸，签好后先交给我们保存，一待出书装订时，就把这一百张纸，作为里封衬页，裱在一百册布面精装封面的背后，这样就成了作者签名本。这两个家伙是有意来寻衅的,在事实面前见到无机可乘，无话可说，只得垂头丧气地溜走了。那天我讲到这里时，整个病房中的人爆发出了满意的笑声。

这一签名本在《鲁迅日记》中也有反映。六月廿七日日记载有："得赵家璧信并再版《竖琴》及《一天的工作》各一本,《母亲》（作者署名本）一本。下午达夫及夏莱蒂来。"我平时赠书给鲁迅，都不赠签名本，这次意义特殊，所以在正式出书前一天，就把签名本送去。鲁迅非常重视，在这一年的《书账》里也把它列入了。就在收到赠书的第二天（六月二十八日）的日记上，载有鲁迅当天所写两首旧体诗。日记载："下午为萍荪书一幅……。又为陶轩书一幅云：

> 如磐遥夜拥重楼，
> 翦柳春风导九秋。
> 湘瑟凝尘清怨绝，
> 可怜无女耀高丘。

二幅皆达夫持来。"就是这一首诗，九月底，改了几个字，发表在《涛声》上，作者冠以《悼丁君》为题。当时风传丁玲已被杀害，所以鲁迅引用屈原作《楚辞·离骚》"忽反顾以流涕兮，哀高丘之无女"作典，写了这首诗，寄托了他老人家对丁玲的悲悼和思念之情。丁玲对这首诗一直铭记在心。

《母亲》出版后，立刻成为这套丛书中的最畅销书。年底结算版税账，为数不小。但我们收到作者亲属从湖南来函要求汇款者不止一处，会计科很难处理。这个颇感棘手的问题是鲁迅帮我们解决的。我那天告诉丁玲同志说："鲁迅先生来信对我说，是蒋慕唐老太太来信就汇，但也不要一次全汇去了。"丁玲听到这里，心情极为激动，静默了一阵，才像吁了一口气，轻声地自语着："这些事，我过去都不知道啊！"在旁的陈明同志兴奋地指着我说："今天还能说出蒋慕唐老太太的名字来，除了我和丁玲二人外，恐怕只有你了。"接着他又感慨地说："从这件事情来看，鲁迅先生对左翼作家的生活，多么地关怀备至啊！"

我在何时何地对鲁迅谈起这件事情的，一直没有记得起来。最近再查《鲁迅日记》，发现一九三四年一月十五日，载有这样一条："雨，下午成雪。往良友图书公司交《一天的工作》附记一篇，印证四千。"这足证我就是在鲁迅冒雪来访的这一天向他提出这个难题的。一星期后，一月二十二日，他复我一

信,信中说:

> 顷查得丁玲的母亲的通信地址,是:"湖南常德、忠靖庙街六号、蒋慕唐老太太",如来信地址,与此无异,那就不是别人假冒的。但又闻她的周围,穷本家甚多,款项一到,顷刻即被分尽,所以最好是先寄一百来元,待回信到后,再行续寄为妥也。

鲁迅为丁玲母亲的生活所需设想得如此周到,至今读来,还是感人肺腑的。

丁玲于一九三六年七月间第一次秘密来沪时,行动不能自由。她为了要表示对鲁迅先生的尊敬和感谢,曾向冯雪峰提出要去拜见鲁迅。当时鲁迅已在病中,雪峰劝她不要去,她便在七月十八日写了封信给鲁迅。九月间逃离南京,在沪暂留准备去革命根据地时,鲁迅已病入危境,她更无机会去看望他老人家。丁玲最近在给一位《鲁迅日记》注释工作者的信上说:"万万没有想到,我在奔向苏区停留西安时,听到了先生病逝的噩耗,悲愤难已,曾用'耀高丘'化名,致函吊唁。"这个化名就是作者用了《悼丁君》诗末一句的同一典故。我这次查到这封唁函,是写给许广平的,其中说:"我两次到上海,均万分想同他见一次,但为了环境不许可,只能让我悬念他的病躯,和他扶病工作的不屈精神!现在却传来了如此的噩耗,我简直不能述说我的无救的缺憾了。"两次都因作者处境恶劣,两次都在鲁迅重病之中,两代作家未及相见,因而成为丁玲的终身遗恨。

三

  这次文代会期间，三十年代的人物都出来了。听了许多作家的发言，坦率无忌，推心置腹，大家说出了长期来埋在心底的真心话，使我也懂得了许多过去不能理解的事。通过大会，我们现在团结得更紧密了。像丁玲这样三十年代就已闻名国际的"左联"老作家，中断了二十年的创作生活，现在又重新拿起笔杆子来。中华人民共和国成立后出版的丁玲著作，最近已在陆续重版。最使我高兴的是，这部《母亲》已由人民文学出版社重印。据说，作者未加改动，仅在书前加写了一篇《我母亲的生平》。经历了五十年坎坷命运的这个长篇小说，终于又能和广大读者见面了。我曾希望作者把原拟的三部曲计划写完。她对我说："继续写《母亲》是一件有趣的事，只怕时间对我不准许了。"作者二十个寒暑的宝贵光阴，确实已被无理地剥夺掉了。

  那天告别前，丁玲同志送了我一幅近影，还在背后签了名。我抚摸良久，弥觉珍贵。走出医院大门，夜幕已笼罩了大地，我在熙熙攘攘的人群中，一手拄了拐杖，一手依靠舒济的扶持，终于挤上了街车。在归途中浮想联翩，要是舒济的父亲——老舍同志在世的话，我这次旅居北京的日子将是多么热闹啊！现在一九四六年老舍第一次交我编印的《四世同堂》也将出版中华人民共和国成立后的第一版，可惜作者生前没有时间完成一百章一百万字的原定计划。因而我更默默地祝祷丁玲同志健康长寿,如果暂时不能写完三部曲,是否可以先把《母亲》第一部最后两章补足它呢?"左联"时代被迫中断的这个残本,五十年后,终于由作者来完成这个历史任务,在纪念"左联"成立五十周年的大喜日子里,也将是一件极有意义的工作。这算作我的一个小小愿望吧!

1980.2 初稿("文汇增刊"1980 年第 4 期)[①]

1981.3 摘录修改

---

① 发表时,原题名为《重见丁玲话当年——〈母亲〉出版的前前后后》。

编选"中国新文学大系"(小说二集)
——对审查会的斗争

  一九三四年,正当中国黎明前最黑暗的年代,东北早已沦陷敌手,华北诸省也岌岌可危。国民党反动政府一方面执行反共卖国政策,强化法西斯统治;一方面提倡所谓"礼义廉耻",推行"新生活运动",鼓吹"尊孔读经""恢复固有文化"。一批无耻的御用文人大肆攻击白话文学,提倡"文言复兴";还利用刘半农的逝世,借题咒骂"五四"文学革命。社会上充满着一股复古倒退的逆流。鲁迅在当年所写,后来编入《花边文学》和《且介亭杂文》里许多篇辛辣尖锐的杂文中,对此进行了无情的揭露和嘲讽,充分反映了这一时代背景。那时离"五四"运动不过十多年,对许多人来说,竟不免于有"三代以上"之感。"五四"时代许多重要作品和代表性刊物,因当时印数少,又没有得到应有的重视,已如凤毛麟角,极难找到。文学青年要找这些材料,也得像找百年前的古书一样跑图书馆和旧书店。

  由于经常去见鲁迅,我这个不懂日文的人也出入于内山书店;看到排列在书架上装帧精美的成套文艺书,琳琅满目,美不胜收。鲁迅接见我总是在书店后面二楼内山的会客室里。有一次,内山完造知道我爱好图书,又搞编辑出版工作,送了我几本日本出版社的图书目录。文学艺术部门的书目中有几十套规模巨大，有明确编辑意图，编排装帧自成一格的全集、文库、大系、集成、丛书等，多者上百卷，少者一二十卷。这些选题深深地吸引了我，使我想起，我们为什么不能把"五四"以来的代表作品也编选一套大丛书呢？这样做，既可以把已近散佚的"五四"文学作品妥善保存，广为流传；也足以冲击一下当时弥漫在社会上那股复古倒退的逆流，从而为继承和发扬光荣的"五四"文学革命传统起一些宣传和推动作用。当我把这些想法向鲁迅、茅盾、郑振铎、阿英、郑伯奇等前辈作家请教时，普遍地得到了赞同和支持。经过良友公司经理同意以后，一九三四年下半年，在许多前辈作家的指导和帮助下，就着手制订编辑计划，物色编选人选，考虑作品分工，寻求资料来源。工作进行中，依靠前辈作家们的热情协助，问题逐个得到了解决。

这套选集既要替"五四"以来的新文学运动作一次初步的整理和总结，时间上如何划分就是个首要问题。对断代标准开始有不同的看法，有人主张时间应限定在从"五四"到"五卅"。终于靠茅盾的一封信给我们解决了疑难，统一了认识。茅盾给我的信上说："'五四'是一九一九年，'五卅'是一九二五年，前后六年，这六年虽然在新文学史上好像热闹得很，其实作品并不多。予以为不如定自'五四'到'北伐'，即一九一九——一九二七，如此则把现代中国文学分为两个时期，即'五四'到'北伐'，'北伐'到现在。……事实上，第一本《建设文学的理论》就有许多重要文章是发表在'五四'以前。从一九一七到一九二七,十年断代是没有毛病的。"茅盾提出的这个分期法，现在看来是基本上符合毛泽东同志在

《新民主主义论》里关于"四个时期"划分的精神的。后来大家就按照这个标准选稿。所以"中国新文学大系"出版预告上，曾附有这样一个副题：《新文学运动第一个十年的总结，一九一七——一九二七》。

这套书取名"中国新文学大系"；"大系"二字虽带有些外来语的气味，但大家认为可以用，很新鲜。全书计划出十卷，分理论、小说、散文、诗、戏剧和史料索引。散文和小说分量很重，如何分卷也经过一番讨论。最后决定散文以作家分，由两位编选人协商后各人分选一部分作家，称为一集、二集。短篇小说是文学创作方面收获最丰富的部门，经过商议，以文学团体分编三卷。属于文学研究会的选一卷，创造社的选一卷，此外的其他文学团体和作家另选一卷。开始称为甲集、乙集、丙集，后来改称一集、二集、三集。担任文学研究会和创造社的编选者很快请定了茅盾和郑伯奇，但是其他文学团体和作家的那一卷，请谁编选最为合适呢？我们当然最先想到鲁迅。他是成为中国新文学奠基的丰碑《狂人日记》等短篇小说的作者，又是重要文学团体语丝社、莽原社和未名社的领导人，在中国文坛上他是最有权威最有影响的作家。但是考虑到他工作很忙，当时身体健康情况欠佳，这套"大系"的初步设想和编辑意图，我过去虽已请教过，他是表示赞同的；但要他担任这卷的编选是否能得到他的同意呢？

一九三四年十一月间，我又由郑伯奇伴同到内山书店去看鲁迅先生，把"大系"的具体规划和最近的进度向他作了详细的介绍，然后提到文学研究会和创造社两卷已由茅盾和郑伯奇答应编选，其他文学团体和作家的那卷，我们想请他担任编选。他犹豫了一回，没有立刻作直接的答复，又谈了一些他对这套计划的看法；最后对担任编选的事，谦虚地说："一定有比我更合适的人吧！"当我坚决要求时，先生表示："假如真找不到别人，就由我来担任也可以。但有一个条件，许多刊物如《新潮》和《新青年》等手头都没有，必须由良友公司负责供应。"这一点我当然欣然答应了。临别时，他很风趣地对我们说："你们来找我同意为你们编选这本集子还是一件容易的事，检查官是否同意，你们倒要郑重考虑的。"

鲁迅对我们提出的忠告是从斗争实践中得来的。当时正值国民党反动派疯狂地进行反革命文化"围剿"，他们查禁进步书刊，禁止进步文化人发表文章，甚至屠杀革命作家。仅一九三四年四月一次，上海被查禁的文艺书籍就多达一百四十九种。五月，反动当局又成立了臭名昭著的"图书杂志审查委员会"，对所有出版物强迫进行原稿审查。在这笼罩着上海进步文化界的白色恐怖中，鲁迅是首当其冲的。审查机关对他残酷迫害，用鲁迅署名的书大批被禁，用其他笔名发表在日报刊物上的文章，也被乱砍乱删。他们像蝙蝠怕见阳光一样地害怕鲁迅的名字。我们考虑到审查机关对这套"大系"操有生杀之权，在白色恐怖层层压迫下，如何同审查机关一方面进行坚决的斗争，一方面又要使我们的出版物能和读者见面，这是摆在我们面前的一大课题。当然，我们也知道选材都是"五四"时代的作品，问题不大；但是编选者中有几个名字，特别是鲁迅，肯定会引起他们的注意，而编选者写的导言送审时，他们就可以下毒手。鲁迅这一席话正提醒我们要同审查会这个鬼门关进行一番较量，我们对此也是有所准备的，因为一年前，我们已尝过白色恐怖的滋味。

原来"良友"是广东商人集资开设的一家出版印刷公司，

自设印刷厂,专业出版各种画报,向来不被国民党反动政府所注意。后来陆续出版进步的文艺读物,白色恐怖的魔手也伸了进来。一九三三年十一月十三日,就与上海艺华影片公司同时被所谓"影界铲共同志会"的特务所破坏,门市部大玻璃被铁锤所击碎。这显然是对我们的一个"警告"。但不久,就有当时任《时事新报》副刊编辑、在鲁迅写的《谣言世家》①一文中被点了名的那个挂名"文学家"汤增敭以卖稿为名找上门来,被敲去了一笔钱,还说"保证"以后没事了。我把此事告诉过鲁迅,他曾在《且介亭杂文·中国文坛上的鬼魅》里给以挞伐。文章中说:"而且所征伐的还不止影片公司,又蔓延到书店方面去,大则一群人闯进去捣毁一切,小则不知从那里飞来一块石子,敲碎了值洋二百的窗玻璃。那理由自然也是因为这书店为共产党所利用。高价的窗玻璃的不安全,是使书店主人非常心痛的。几天之后,就有'文学家'将自己的'好作品'来卖给他了,他知道印出来,是没有人看的,但得买下,因为价钱不过和一块窗玻璃相当,而可以免去第二块石子,省了修理窗门的工作。"

我们对编选者的组织工作顺利完成后,"良友"经理认为"大系"投资多,风险大,主张把编辑计划和编选者名单先送去同审查机关打一次交道。果然不出所料,审查会头子对编选者中间的几个人名多方刁难,而对鲁迅的名字特别提出要去掉,另换别人。事实上,他要了一个手段,他看准我们为出版"大系"将投入一笔大钱,他想乘机捞一把。隔了几天,他就挽人(新当上审查官的穆时英)来暗地里敲诈勒索,说要把自己的一部"好作品"高价卖给我们,并表示对于"大系",将

---

① 《鲁迅全集》,第4卷,第457页。

来可以帮忙。我们鉴于前一次的教训，看到他既然自己找上门来，就要他保证将来对鲁迅的选本和序文不加破坏捣乱作为条件，决定化五百块大洋把它买下来。后来还让他用一个假名替他印了二百本，这就是鲛人作《三百八十个》。这件事，鲁迅是不知道的，我们以后也从未告诉他。一九五六年我写的《记鲁迅先生与良友公司几件事》（刊载于上海《文艺月报》十月号）一文中，仅仅简略地提了一下，现在把这件事情的经过作为史料写在这里，也可见群官们究竟是怎样的一批东西。

二

那年十二月底，却发生了一件意料不到的事。事情的经过是这样的：

十二月二十五日我收到鲁迅一封信，信上说：

> "新文学大系"的条件，大体并无异议，惟久病新愈，医生禁止劳作，开年忽然连日看起作品来，能否持久也很难定；又序文能否做至二万字，也难预知，因为我不会做长文章，意思完了而将文字拉长，更是无聊之至。所以倘使交稿期在不得已时，可以延长，而序文不限字数，可以照字计算稿费，那么，我是可以接受的。

读完这封信，我心中放下了一块大石头。"大系"既获得鲁迅参加编选，实现这个计划就指日可待了。

但是第二天，二十六日，《鲁迅日记》上写着："寄赵家璧信。

晚河清来。"据去年黄源（河清）来沪向我谈起，他那天晚上去见鲁迅，就是去告诉他关于原来准备发表在《文学》四卷二期上的《病后杂谈》，被审查官删得只存四分之一的事。鲁迅对审查机关的"明诛暗杀"无比愤慨，因而对敌人的阴谋诡计，坚决斗争到底。当晚就给我写了一封拒编《小说二集》的信。这封信原信上写的是十二月廿五夜，我过去也一直认为是同一天给我写了两封信，表示接受的一封是早上写的，拒绝编选的一封是晚上写的。经黄源一说，再查《日记》，证明作者在盛怒之下，把日子误写了。所以《书信集》第838函应当是十二月廿六日夜。这封信的内容如下：

> 早上寄奉一函，想已达览。我曾为《文学》明年第一号作随笔一篇，约六千字，所讲是明末故事，引些古书，其中感慨之词，自不能免。今晚才知道被检查官删去四分之三，只存开首一千余字。由此看来，我即使讲盘古开天辟地神话，也必不能满他们之意，而我也确不能作使他们满意的文章。
>
> 我因此想到"中国新文学大系"。当送检所选小说时，因为不知何人所选，大约是决无问题的，但在送序论去时，便可发生问题。"五四"时代比明末近，我又不能做四平八稳，"今天天气，哈哈哈"到一万多字的文章，而且真也和群官的意见不能相同，那时想来就必要发生纠葛。我是不善于照他们的意见，改正文章，或另作一篇的，这时如另请他人，则小说系我所选，别人的意见，决不相同，一定要弄得无可措手。非书店白折费用，即我白费工夫，两者之

中，必伤其一。所以我决计不干这事了，索性开初就由一个不被他们所憎恶者出手，实在稳妥得多。检查官们虽宣言不论作者，只看内容，但这种心口如一的君子，恐不常有，即有，亦必不在检查官之中，他们要开一点玩笑是极容易的，我不想来中他们的诡计，我仍然要用硬功对付他们。

这并非我三翻四覆，看实情实在也并不是杞忧，这是要请你谅察的。我还想，还有几个编辑者，恐怕那序文的通过也在可虑之列。

同一天晚上写给萧军信中所说："其实他们是阴谋，遇见我的文章，就删削一通，使你不成样子，印出去时，读者不知底细，以为我发了昏了"，①指的是同一件事；在以后几天写给友人书信中还多次提到。我收到此信时，犹如晴天霹雳，这对我来说，不是事败垂成吗？"大系"组稿工作，历尽艰辛，终告解决，现在一切有关广告、印刷、发行等工作都已安排就绪；如果鲁迅不参加编选，必将影响其他几位编选者，整个计划势必功亏一篑。但我从来信后半部分的语气中看出，鲁迅的拒绝编选还是从关怀"大系"的出版前途出发的；虽然在如此激怒的情绪下，还在为我们设想考虑。这使我感觉到还存在着一线生机，也鼓起了我百倍的勇气再次去谒见他。想到郑伯奇是介绍我认识鲁迅的，是鲁迅信得过的老朋友，当时正在"良友"编文艺刊物《新小说》，我和他商谈后，他答应陪我同去内山书店一行。

我在年底前用电话同鲁迅约定元旦假期去看望他。从

---

① 《鲁迅书信集》，第706页。

一九三四年过渡到一九三五年的那几天日子，真是度日如年，忧心忡忡，因为应允与否两者都有可能。我记得大约是一月二日去的，可惜《日记》上并无记载。但那天谈话的情景至今还历历在目。我们还是在内山的会客室里相见。我紧张不安的情绪显然引起了鲁迅的注意。他又把关于审查官如何乱删《病后杂谈》的事更详细地谈了一遍。他担心照此下去，什么好书都不用出了。我们便把迄今为止"大系"的进程坦率地讲了。我们恳切地要求他体谅编辑出版者的苦衷，收回成命。至于将来《小说二集》送审时，选材问题，估计不大，导言方面，我们说，将尽一切力量争取做到保持原作的本来面目。鲁迅思索了很久，最后点头答应了。但是对审查制度的愤懑之情仍然溢于言表。临别之前，他对我们说，将来序文和选稿送审后如有删改之处，可由我们代为决定，不必再征求他的同意了。我们表示衷心的感谢后，又说明如果送审后有什么重大的变动，还是要取得编选者本人同意的。

两天之后，一九三五年一月四日的《日记》上有这样一条记载："午后寄赵家璧信。"其实这封信是写给我和郑伯奇二人的。内容很简单，说：

先想看一看《新青年》及《新潮》，倘能借得，乞派人送至书店为感。

因为那天是郑伯奇陪我一起去见他的，所以这封信写给我们两个人。为了帮助一个青年编辑实现一个编辑出版计划，鲁迅终于答应了我们的要求，使这套"大系"有了如愿出版的可能。

一月八日，《日记》上记着这样一句话："得赵家璧信并编"新文学大系"约一纸。"出版合同随即签订了。两天后，正巧编选《散文二集》的郁达夫从杭州到上海，良友编辑部同人约请鲁迅和郁达夫在北四川路味雅粤菜馆便饭。十日的《日记》上有这样一段记载："午达夫、映霞从杭州来，家璧及伯奇、国亮延之在味雅午饭，亦见邀，遂同广平携海婴往。"在创造社成员中，根据我的接触，鲁迅与郁达夫、郑伯奇两人是有深厚的友谊的。经过这番周折，此后"大系"的编辑出版工作，就按原计划迅速顺利地进行了。

三

由于"大系"规模较大，书价较高，我们编印了一本供宣传广告用的出版预告小册子，名为"中国新文学大系"样本。二十三开本约共二十余页。封面红黑二色套印，上面印了十卷本"大系"样书横列的照片。书内刊有我写的《编辑缘起》，用蔡元培的手迹制版印的《总序节要》，各占两页。随后是十位编选者的《编选感想》，每人一页。右上角印编选者最近半身像，《编选感想》约一二百字，用手迹制版印。鲁迅的那段佚文手迹印在第七页上。

鲁迅对新书出版前的广告一直很重视，他为他自己或朋友编写的书刊拟过许多广告稿，收在《集外集拾遗》中。我们为了编印这个样本，曾要求他写一段感想，寄一幅照片。一月十六日给我的信上说：

> 说起来我真有些荒唐，那感想的事，我竟忘记了，现在写了一点寄上。其实，我还没有看了几本

作品，这感想也只好说得少些。

一月二十八日《日记》上记有："上午以照片一枚寄赵家璧。"二月九日给我的信里说到：

照片不必寄还，先生留下罢。

这里说的感想和照片都是为样本用的。

这样本发完后，又把其中的《编辑缘起》《总序节要》和十篇《编选感想》缩印成一张四开的单张，夹在《新小说》月刊内分送读者。

鲁迅写的这篇《编选感想》共约一百余字，全文如下：

这是新的小说的开始时候。技术是不能和现在的好作家相比较的，但把时代记在心里，就知道那时倒很少有随随便便的作品。内容当然更和现在不同了，但奇怪的是二十年后的现在的有些作品，却仍然赶不上那时候的。

后来，小说的地位提高了，作品也大进步，只是同时也孪生了一个兄弟，叫作"滥造"。

鲁迅在这段短文中对"五四"时代短篇小说作家认真写作的态度作了很高的评价，并与三十年代某些作家粗制滥造的作风相比，看出数量上虽有所增加，质量上"却仍然赶不上那时候的"。这一问题的提出，不但在当时很有现实意义，直到今天，对文学工作者来说，在如何正确对待质量与数量的关系上，也具有重大的教育作用。

回忆使这一庞大的五百万言史料整理工作得以胜利完成的支持者中间，如果没有阿英（钱杏邨）的热情帮助，这个编辑计划也是不可能实现的。因为上海的几所大图书馆虽然是我们资料的供应来源，但图书馆藏书借阅有一定限期，而且许多书和有些版本也不齐备。当时阿英个人收藏"五四"以来新文艺书刊之丰富是上海文坛所共知的。他不但自己担任了《史料·索引》的编选者，还毫无保留地大量供应其他编选人。鲁迅于一月廿四日《日记》上这样写："夜选《中国新文学大系》小说开手。"这以前，我们已把他需要的资料送去了。但是他还为了寻求选材直接和阿英通信。二月十二日《日记》上记有："得钱杏邨信并借《新青年》《新潮》等一包，即复。"二月十七日又记有："得赵家璧信并杂志一包，附杏邨笺。"查《日记》中记载鲁迅与钱杏邨的来往一共有五次。除上述一九三五年的两次外，还有一九三六年四月八日，也有一次记有："寄赵家璧信，附与阿英笺。雨。收到"中国新文学大系"（十）一本。"这一本"大系"就是最后出版的阿英编选的《史料·索引》。这个月中还有两天提到过阿英。我们都知道鲁迅过去曾和太阳社在对"革命文学"问题上是发生过激烈论争的。阿英已于前年也在北京不幸逝世，我在样张中看到阿英写的《编选感想》，不禁又联想到如上所述的有关他和"大系"以及他和鲁迅的一些往事。缅怀旧友，十位编选者，今天都已先后作了古人。

"大系"精装本共印二千套，以后又印了纸面精装普及本两版，各印二千套，合共发行不过六千套。

四

鲁迅于一九三五年一月二日同意编选后,从一月廿四日"开手"读作品,二月二十日《日记》记有:"夜作'中国新文学大系'小说丙引言开手。"现在从《书信集》中我第一次看到他那几天写给其他友人的书信,说明在这短短的一个时期里,鲁迅为了此书是花出了极大精力和全部时间的。二月廿四日给杨霁云的信上说:"在给一个书坊选一本短篇小说——别人的,时日迫促,以致终日匆匆"。[①]二月廿六日给叶紫的信中又说:"我因为给书店选一本小说,而且约定了交卷的日期,所以近来只赶办着这事,弄得头昏眼花,没有工夫。"[②]今天读到这些话,又想到当时他实际已在重病中,对他那种认真负责、全力以赴的工作态度,更受感动。到二月二十六日,《日记》上记有:"上午寄赵家璧信并所选小说两本。"这一天给我的信上是这样说的:

　　送上选稿三分之二——上、中两本,其余的一部分,当于月底续交。序文也不会迟于三月十五日。目录当于月底和余稿一同交出。

计算一下日子,就可见工作进度之迅速。仅仅隔了两天,二月二十八日,鲁迅又亲自到良友公司送稿来了。

　　良友图书公司在北四川路八五一号,离鲁迅所住大陆新邨虽很近,但他为避人耳目,不大外出的;而且当时身体也不

[①] 《鲁迅书信集》,第761页。
[②] 同上,第762页。

是很好。我记得那天还是冬末春初,他穿了一件深色的棉长袍,戴了一顶呢帽,穿着一双橡胶鞋,手中拿着一个用日本花巾包的东西。他打开花布包,就是一束折叠得整整齐齐的选稿,这是选稿的最后一部分。这一天,离开他答应担任编选《小说二集》后还不到两个月时间。现在从《日记》上看,年底前,他旧病又复发了一次,每晚都有低温。在"久病初愈,医生禁止劳作"的日子里,为了使后代文学青年看到"五四"以来十年间一部分代表作家的代表作品而忘我地劳动,很快把《小说二集》的选材工作全部完成了。那天我双手捧到选稿时,心中不知应当说怎样感谢的话才能表达我当时的真情实感。在他殷切地询问"大系"其他各卷的进程后,忽然从他的口袋里摸出一封信交给我。他说:"怕见不到你,所以写了这封信准备留交,你慢慢看吧。"其实他既写了信,完全可以邮寄;就是为了郑重起见,还是亲自送来。如今回忆,百感交集。这天《日记》上这样记载:"访赵家璧并交小说选集稿,见赠《今日欧美小说之动向》一本。"这里说的书是当时新出版的我的一个译本。

《小说二集》所选作家的作品,每人最多选四篇,少者选一二篇。对于有些作家的作品,鲁迅考虑到有被审查官抽去的可能,便多选了一些供编辑者补充。他替编辑者设想的周到,真正做到无微不至。二月廿八日面交的一封信里,就有这样一段话:

> 小说的末一本,也已校完了,今呈上,并目录一份。
> 其中,黎锦明和台静农两位的作品,是有被抽去的可能的,所以各人多选了一篇。如果竟不被抽去,那末,将来就将目录上有×记号的自己除掉,

每人各留四篇。

此外大约都没有危险。不过中国的事情很难说，如果还有通不过的，而字数上发生了问题，那就只好另选次等的补充了。其实是现在就有了充填字数的作品在里面。

我们原来的计划是等每一本选稿都齐了便把导言和选稿一起送审。但鲁迅在三月六日给我的信上替我们出了个好主意。信中说：

序文的送检，我想还是等选本有了结果之后，以免他们去对照，虽然他们也未必这么精细，忠实，但也还是预防一点的好罢。

此后，我们就按照他提醒的那样去做，确实收到了很好的效果。这种有意扰乱敌人的耳目，避免作品受到审查官的宰割，正是对敌斗争的一种策略。根据我的记忆，《小说二集》选材送审后，抽删情况并不严重。倒是因为选材分量已超过计划规定的篇幅，我们后来要求编选者减少了一些选材。五月十日夜鲁迅给我的信上说：

小说稿除原可不登者全数删去外，又删去了五篇，大约再也不会溢出预算页数之外的了。

所以现在的《小说二集》里，台静农的四篇都保留，黎锦明的留下三篇。这本集子，共选三十三位作家的五十九篇作品，约共四十五万字。

选材中值得一提的是对于向培良的作品。向培良是鲁迅领导的《莽原》的撰稿人。鲁迅对这个文学青年一直热情帮助，谆谆指导。他的第一个短篇集《飘渺的梦》就是由鲁迅编选列入"乌合丛书"，与《呐喊》《彷徨》同时出版的。到一九二六年鲁迅离京赴厦门后，向就与高长虹结成一伙，到上海成立"狂飙社"，写文章谩骂鲁迅，后来更走上堕落的道路。但鲁迅在选编本书时，对于向培良在文学创作上前期的某些作品，还是加以肯定。二月二十八日给我信中有一段话提到向培良。信中说：

> 向培良的《我离开十字街头》，是他那时的代表作，应该选入。但这一篇是单行本（光华书店出版），不知会不会发生版权问题。所以现在不订在一起，请先生酌定，因为我对于出版法之类，实在不了然。
>
> 假使出版上无问题，检阅也通过了，那就除去有×记号的《野花》，还是剩四篇。但那篇会被抽去也难说。

后来《我离开十字街头》确因版权问题不能收入，但鲁迅在导言中还是从这本书里摘录了一大段引文，并对作者早年创作的几个短篇下了实事求是的评价。他的这篇导言，在怎样历史唯物主义地对待那一时期的作家的作品上，作出了典范。对现代中国文学史的研究工作者而言，这是一篇在文学评论方面的重要文献。向培良名下入选三篇，两篇选自《飘渺的梦》，一篇选自《莽原》。对于"狂飙社"另一个主要成员尚钺，本书中同样入选他的两个短篇。

我们原来要求每位编选者的导言一般以二万字为标准，这种要求确实不很合理，所以鲁迅的导言只写了一万余字，而《戏剧集》编选者洪深的导言写了九万字。鲁迅的导言是三月六日夜寄我的。信中说：

> 序文总算弄好了，连抄带做，大约已经达到一万字；但"江山易改，本性难移"，无论怎么小心，总不免发一点"不妥"的议论。如果有什么麻烦，请先生随宜改定，不必和我商量了，此事前已面陈，兹不多赘。

这段话表示了鲁迅对一个青年编辑的最大信任。每逢重读这封信，就自然而然地回想起一九三五年一月二日那天在内山会客室谒见他的那幕紧张而动人的情景。更深切地感到鲁迅对国民党审查机关抱着绝不妥协、斗争到底的精神；对一个具有积极意义的编辑出版计划，他是热情帮助，希望它能和广大读者相见。

《小说二集》导言送审后我记得没有什么改动。现在我查阅《日记》和《书信集》，更得到了一个旁证。五月廿四日《日记》记有："得赵家璧信并'新文学大系'《小说二编》序校稿。"这说明送审后取回的导言已经付排并打出了校样稿，送给作者自校，准备签字付印了。第二天，五月廿五日的《日记》记有："上午复赵家璧信并还校稿。"核对这封信的内容，谈的都是别的事，却没有只字提及序文校稿。但二十四夜，他另有一信写给郑伯奇，信中说："下午得赵先生信，云将往北平，有事可与先生接洽,并有《小说二集序》排印稿二份。这序里的错字可真不算少,今赶紧校出寄上,务希嘱其照改为托。否则,颇觉得太潦草也。"① 信末还有一行附言,说:"附校稿二份"。可见改正后的作者清样稿是寄给郑伯奇的。但也足以说明作者看了序文校稿后,除发现有技术上的错字外,并未对序文内容提出什么意见,证明序文是保持了原来面目,只字未被删改的。

六月二十八日,《日记》上记有:"上午得赵家璧信并'新文学大系'《小说二集》十本。"这一天,几经周折的《小说二集》终于出版了。如果从一月二日算起,历时约六个月;如果从鲁迅"开手"编选算起,约共五个月时间。

关于鲁迅和"大系"的关系,还有一件小事值得补充。十卷本"大系"每出一卷,我们都于次日邮赠鲁迅一册,所以从《日记》里可以清楚地看到每卷的出版日期。"由于这套精装本的顶上统一加刷天蓝色,使它和封面色彩起协调之感,而我们最先送给他的第一本出版的《小说一集》未及加色,还是白边的,因此七月十二日他给我的信上说:

> 前蒙允兑换《小说一集》之顶上未加颜色者,今送上,希察收换给为感。

记得许广平在《鲁迅先生的日常生活》一文中,曾提到过类似的事:"他对于书的看重,我没有见过第二个人像他这样,……偶然收到一本装订不大齐正的,他一定另外托人再买一本较好的换过。"② 大家都知道鲁迅对书籍装帧是极为重视的。他书架

---

① 《鲁迅书信集》,第819页。
② 许广平:《欣慰的纪念》,人民文学出版社版,1981年,第112页。

上的书都排列得整整齐齐，这从在景云里住所所摄的照片上也看得很清楚。这虽是生活琐事，也反映了他那种严肃认真的工作作风。

五

今天查阅《日记》，鲁迅曾把这书分送给黄源、李霁野、台静农等；还代台静农、增田涉各预定"大系"一部。他又送了一部"大系"给王冶秋。写给王冶秋的信上说："《新文学大系》是我送的，不要还钱，因为几张'国币'，在我尚无影响，你若拿出，则冤矣。此书约编辑十人，每人编辑费三百，序文每千字十元，花钱不可谓不多，但其中有几本颇草草，序文亦无可观也。"[①] 这是鲁迅对"大系"所作的评价。解放以来，在马列主义、毛泽东思想指引下，对"五四"以来现代文学史的研究，已取得了很大成绩；"大系"作为资料书，大概还可以起一点参考查阅的作用，这也许是上海文艺出版社最近把"大系"影印重版的理由吧。

1977年9月初稿（《山东师院学报》1977年第5期）
1979年6月二稿（《鲁迅回忆录·二集》，上海文艺出版社版）
1981年4月修改

---

① 《鲁迅书信集》，第917页。

鲁迅与周文二三事

——关于周文的《父子之间》

周文是三十年代直接受鲁迅培养成长的"左联"青年作家之一,当他回忆鲁迅对他的创作生活的影响时说:"他在我的创作过程中,是细心地看了我的每篇原稿,而加以批评和纠正的有力赞助者。他的赞助,不但是关于怎样把握题材和怎样创造人物,甚至连句法也都谈到。"①可惜他不幸于一九五二年七月一日就离开我们了。

一

鲁迅与周文的第一次通信,从《鲁迅日记》看,是一九三三年十月十三日,但这以前已有来往。他原名何稻玉,当时用何榖天或谷天为名。他的成名作《雪地》,就是由鲁迅推荐给《文学》发表的,但后来他对这篇作品,自己并不满意。因为当年文坛上有一股思潮,认为文艺作品的政治倾向必须在作品中表明,在这种影响下,《雪地》也拖了"打倒""万岁"之类的口号尾巴。周文在开始写作的道路上,是经历过一

---

① 周文:《烟苗季》后记,见《周文选集》上册,四川人民出版社版,第232页。

段徘徊不前的过程的。据周文自己的回忆,是鲁迅的一席谈话,给了他启发,指出了创作的方向。他说:"我的第一次会见他(鲁迅),是在一九三三年夏天的一个创作座谈会上。"鲁迅在会上说,"农村工厂的题材自然重要,但中国每个角落都陷于破产的现在,别的题材也还是需要的。一方面,我们的作者们,大半都是从旧社会出来,情形熟悉,反戈一击,易致敌人的死命……从那时起,作者们的视野开始扩大了"。① 他从一九三四年起,便写了许多反映他所熟悉的,以旧中国生活为题材的短篇,于一九三五年编成小说集,内写成于一九三四年的三篇,一九三五年的四篇,以末篇的篇名《父子之间》作书名,由鲁迅写信给我,介绍给良友图书公司出版。一九三五年四月十九日来信说:

>   昨天收到何毅天君一封信,说他有一部八九万字的集子,想找地方出版。他的笔墨先生大概是知道的,至于姓名,大约总得换一个。内容因多系已经发表过,所以不至于犯讳,不知能有印在"良友文学丛书"内的希望否?我很希望先生给我一个回信,或者看了原稿再说也好。

四月二十五日,我复信表示可以考虑。《鲁迅日记》记有:"得赵家璧信,即转与俊明。"这个俊明是谁,直到最近我写此文之前,才向郑育之同志弄清楚。她告诉我,这个笔名是上海鲁迅纪念馆一两年前第一次提起,要求她证实,她最初也已记不起来。随后在一次整理周文旧稿时,发现有一张出版合

---

① 周文:《鲁迅先生是并没有死的》,《鲁迅先生纪念集》第四辑,第84页。

同上署名何俊明，才证明他还有这样一个匿名。这部文稿如何到我手中的，是鲁迅转给我还是周文直接交我，现在已无从记起。因为《鲁迅日记》中，五月五日又有"寄赵家璧信"一条，此信被我丢失了。（鲁迅来信，根据日记共有四十九封，现存四十六封）此信紧接前信之后，肯定谈到《父子之间》的事。五月九日来信中说：

周文稿子出版的迟早，我看是没有关系的罢。

这是我们决定采用以后，告诉鲁迅安排的出版时间，征求他的意见，他才作如上的答复。此书编入"良友文库"，九月中出版。

周文生在四川荥经县，属康藏高原邻近大渡河、泸定桥、大雪山等红军长征途中几个有名的革命历史圣地。父亲是世代相传的中医，开一家小药铺为生。早年丧父后，药铺请人经营，后因缺乏男劳动力，不久倒闭了。短篇集中的《一家药铺》就是取材于这家祖传的中药店。他有兄弟三人，他是老大。《弟弟》就是把他那死得最早的小弟弟作为小说的模特儿的；第二个弟弟不久也死在四川军阀的混战中。《投水》与《父子之间》都来自作者青少年时期在封建家庭生活中的所见所闻。前者使我们回想起那个人吃人的社会里逼死人命的高利贷者的罪恶嘴脸；后者曾发表于《文学季刊》，原名《午前》，文中生动细致地刻划了父子两代在吞云吐雾的鸦片烟榻旁演出的一幕人间悲剧，浪荡儿子偷父亲的钱去还赌债，老财主却强逼佃户把卖女所得的十元钱还租。周文十六岁时，为生活所迫，就在四川军阀部队当文书，随部队转辗川藏边境。他怀着满腹仇恨，用小说揭露军阀部队虐待士兵、欺压人民、专打内战的种种罪行。《热天》所写，就是他所亲身经历的生活，这和作者以后所写长篇《烟苗季》和"良友"出版的中篇《白森镇》，都属于同一类题材。这些作品都来源于他所熟悉的生活，作者又运用他所擅长的素描手法，书出版后，得到了读者的好评。根据最近发现，鲁迅于一九三六年二月，答应日本《改造》杂志，选中国左翼青年作家代表作十篇，称为《中国杰作小说》，辟一专栏，译成日文在该刊连载，鲁迅还为它写了一篇《小引》。周文的《父子之间》就发表在《改造》一九三六年九月份上。[①]丁玲最近为人民文学出版社即将出版的《周文选集》写了一篇序。她最后指出"关于周文同志的文学作品本身，我不准备说更多的话，我只想引用他本人所说的一段话"。这一段话就是周文在受到鲁迅教诲后所一直遵守的一个创作上的铁则，归结为一句话就是："应该写他自己所熟悉的生活和人物。"任白戈在为四川人民出版社的两卷本《周文选集》所作的序，也认为"周文同志所走过的创作道路对我们的作家是有借鉴作用的"。

　　这篇回忆史料，主要是为鲁迅诞生百年纪念而写，同时，也是对周文同志表示一点哀思。回忆三十年代，他常来"良友"走动，我也和他很熟。这样一位在"左联"时代担任过重要革命工作，又得到鲁迅器重的青年作家，为何如此早离开了我们呢？

二

　　我一直到一九七九年冬上北京参加第四届文代大会，去医院看望丁玲时，无意中见到同来探病的丁玲好友、周文的老

---

① 熊融：《鲁迅向日本读者介绍萧军》，载《文汇报·笔会》，1981年4月19日。

爱人郑育之同志；从她那里才第一次了解到周文临死前的一些情况。原来也是一件冤案，虽早在一九七四年就获得平反，但真正地实现郑育之的"多年的心愿"①，把他的遗著重加编印，让它与万千读者又一次见面，那还是最近一两年的事。

郑育之一直住在上海。去年春，我们共同的朋友汪汉雯（汪仑）从安徽来上海时，我们又在一起相叙了。我记得他是一九三三年九十月间参加"良友"专搞美术装帧工作的。他这次才告诉我：他"是'左联'决定通过韩起介绍给你的"。一九三三年初"左联"作家韩起编译一部插图本《苏联大观》，由"良友"出版，封面设计者就是汪汉雯。至今"良友"版文艺书籍的封面装帧以及广告设计，还受到文艺界朋友的好评，这个功绩，主要应归之于小汪（当时我们都这样称呼他）。那天我们闲谈几句后，便不约而同地谈到汪汉雯和周文的友谊，也第一次谈到了周文同"良友"的关系。

原来汪汉雯和周文二人早在"九一八"事变后，就在安庆参加由叶以群领导的"文总"安徽分会。不久，秘密组织被敌人破坏，他们不得不先后来到上海。周文是一九三二年下半年来到上海的。原籍广东中山的郑育之，在北四川路崇德女中念书，经历了"九一八"和"一·二八"事变的教训，自己决心去找革命的道路，最先认识了领导"左联"的丁玲，参加了革命的妇女工作，到一九三三年与周文结婚。所以周文、郑育之和叶以群、汪汉雯都是"左联"成员，编在一个小组里，彼此感情特别亲密。一九三四年四月起，周文担任"左联"的组织部长时，汪汉雯已在"良友"工作了一个时期。我只记得周文几乎隔二三天必来"良友"找小汪，因此我也和他开始熟识

---

① 这是郑育之为四川人民出版社版《周文选集》写的跋所用的题名。

起来，但也仅仅作一般的交谈。当时我虽知道他们都是革命青年，却从不去过问他们的事。汪汉雯这次还告诉我一件事，原来周文是把良友公司作为"左联"的一个通讯站的。那时，重要的上层的信由内山书店鲁迅转；一般的信，寄良友公司周文转，而由汪汉雯代收后，等周文来时一并交给他。

郑育之还告诉我，她原名郑玉茜，从事革命工作后才改用今名。她有位名叫郑玉颜的姊姊，在一家外商洋行任秘书，专管打字和收发信件。鲁迅有机密的信，先寄郑玉颜，再由她转寄良友公司，或交她另一个还在念书的妹妹郑玉雯亲自送良友公司。她们这样做，完全是为了革命的需要。周文和郑育之的家，对家属和朋友都是保密的。她还举了一个例：一九三六年四月，冯雪峰受党中央委托由陕北瓦窑堡来到上海，先去看了鲁迅，然后由鲁迅通知周文，说有一位"故人"想要见他，周文去指定地点见面时，才发现"故人"就是他的老战友雪峰，大家惊喜交集，互谈别后情况。这封十分机密的信，就是由鲁迅通过郑玉颜收后再由郑玉雯送良友公司转给周文的。她们考虑的是为了不影响鲁迅的安全。此后，周文当了冯雪峰的秘书，还担任内部交通，曾来往于上海、西安之间。送给毛主席等中央首长的火腿、六听白锡包香烟和二十条围巾，就是由冯雪峰委托周文办理的。当时雪峰交给周文一百块钱，并对他说，这钱是鲁迅送的，要他代办礼物送往延安；于是郑育之便陪同周文去南京路选购。为了避免敌人注意，火腿是由周文上火车前独自去采办，然后装入旅行袋直奔北站，带去西安的。这些革命故事的梗概，虽然早已从其他史料文章中读到过，现在由一位亲历其境的同志，坐在身旁亲口道来，娓娓动听，令人倍感亲切。

周文同志离别我们已近三十年,但他所留下来的文学作品,将是永存的!

1981.4.(《书林》,1981年,第4期)

鲁迅·梵澄·尼采
——关于梵澄译《尼采自传》

一

在鲁迅写给我的四十九封书信中,有八封涉及梵澄(徐诗荃)译尼采著《尼采自传》的。当时,梵澄虽非"左联"成员,但鲁迅对这一位"脾气颇不平常"[①]的文学青年,从介绍出书到代校清样等,在来信的字里行间所表达的那种亲切的关怀甚至有些宠爱和宽容的感情,有时还用诙谐的笔调戏称他为"此公"或"英雄"等,如果同给黎烈文的几封信一起来看,确实是很少见的。许广平在回忆录中提到梵澄时,称"他天赋极高,旧学甚博,能作古诗、短评,能翻译,钦慕尼采,颇效其风度"。他当时是一位向上而纯洁的青年,所以深得鲁迅的赏识,认为是可造之材。许广平说:对梵澄"不惜辛勤设法,并非特有其私"。[②]我经鲁迅先生介绍认识他已是一九三五年,但鲁迅同他的友谊,早在一九二八年就建立了。

---

① 《鲁迅书信集》,第497页。
② 许广平:《欣慰的纪念》,人民文学出版社1951年版,第80—83页。

《鲁迅日记》中第一次出现徐诗荃的名字是一九二八年五月十六日。前一日记有"陈望道来,同往江湾实验中学讲演一小时,题曰《老而不死论》"。次日记有:"晚得徐诗荃信。"据徐本人最近告诉友人说,他在听讲时作了记录,第二天把记录稿寄给了鲁迅,兴奋得一夜未得成眠。

一九二九年,鲁迅在上海主编《语丝》,在第四卷第三十二期上,发表了署名冯珧的《谈谈复旦大学》一文,大胆揭露了当时复旦大学内部的腐败现象。接着就有潘楚荃、章达生二人先后向《语丝》投寄信稿辩护,同时对编者进行人身攻击。逼得鲁迅站出来写了《我也来谈谈复旦大学附白》和《通信(复章达生)》两篇短文,除分别对潘、章二人严正驳斥外,对敢于揭露教育界黑暗现象的青年予以支持。这位复旦学生就是徐诗荃。《语丝》上的这次小小论争,本来不会有人记起它,但三十年代盘踞浙江省政府的 CC 派反动头目中,就有复旦毕业的许绍棣,他把持全省文教大权,与复旦大学校长章益关系密切。一九三〇年自由运动大同盟成立时,浙江国民党省党部下令"通缉堕落文人鲁迅"的罪恶勾当,就是许绍棣怀恨于《语丝》上的那篇文章而挟嫌诬告的。

一九二九年八月,徐诗荃去德国留学,为鲁迅搜购了许多德国文学书和名贵画册。一九三二年八月回国。那几年中,他与鲁迅通信频繁。

黎烈文主编《申报·自由谈》期间,鲁迅经常撰写短评,对国民党的反革命文化"围剿"进行揭露反击。徐诗荃那时也开始写短评,托由鲁迅转送黎烈文。鲁迅第一次附信说:"有一友人,无派而不属于任何翼,能作短评,颇似尼采,今为绍介三则,倘能用,当能续作,但必仍由我转也。"①此后陆续转去了几篇,因为鲁迅在《自由谈》上的杂文,署了各种不同的化名,用以扰乱敌人的耳目,徐诗荃的短评也如此,因而有人就把他的文章误认为鲁迅之作。鲁迅对黎信上说:"其实,'此公'文体与我殊不同,思想亦不一致。"②对徐的写作与生活,鲁迅曾在另一封给黎信中作过如下的分析和评介,他说:"看文章,虽若世故颇深,实则多从书本和推想而得,于实际上之各种困难,亲历者不多。对于投稿之偶有删改,已曾加以解释,想不至有所误解也。"③当时国民党的白色恐怖,笼罩着整个新闻出版界,《自由谈》编者为了使文章得和读者见面,偶有删改,事极平常,却还得由鲁迅向作者解释,可见徐诗荃对当时的现实生活和斗争颇多隔膜。鲁迅给黎信中还谈到,徐不许鲁迅以原稿径寄报馆,怕自己因此受累,而要别人为他抄录,鲁迅为此殊以为苦,但还是尽力设法为他做去。④这种甘为孺子牛的宽大胸怀,愿意为文学青年鞠躬尽瘁的忘我行动,在他介绍梵澄给良友图书公司出版他的译作《尼采自传》的整个过程中,我体会更深。

二

一九三四年十一月下旬,郑伯奇伴我去内山书店会见鲁迅,请他担任"中国新文学大系"(小说二集)编选事,他答应了。就在那天谈话中,他向我们提出青年译者徐诗荃曾留学德国,不但精通德文,对中国旧文学也很有根底,手头有一部尼采著《尼采自传》译稿,征求可否由良友图书公司替他出版。鲁迅介绍出版的文稿,我们总是郑重考虑的。回去商量后,十一月

---

①②③④ 《鲁迅书信集》,第483页;第514页;第525页;第498页。

廿八日,我和伯奇共同署名复信给他,要求他把译稿寄来(此事《日记》有记载)。十二月十二日,鲁迅寄稿来时,附了一封长信给我,信中说:

> 那一本《尼采自传》今送上。约计字数,不到六万,用中等大的本子,四号字印起来,也不过二百面左右。
> 　假如要印的话,则——
> 　一、译者以为书中紧要字句,每字间当距离较远,但此在欧文则可,施之汉文,是不好看的(也不清楚,难以醒目)。所以我给他改为旁加黑点。但如用黑体字或宋体字,似亦佳。
> 　二、圈点不如改在字旁,因为四号字而标点各占一格,即令人看去觉得散漫。
> 　三、前面可以插一作者像,此像我有,可以借照。
> 　四、译者说是愿意自己校对,不过我觉得不大妥,因为他不明白印刷情形,有些意见是未必能照办的。所以不如由我校对,比较的便当。但如先生愿意结识天下各种古怪之英雄,那我也可以由他自己出马。

从这第一封信里,就可看出鲁迅在介绍出书前,已把原稿看了一遍。由于译者不熟悉编辑出版方面的惯例,鲁迅已代替我们想出了一个用字旁加黑点的方法来表示着重词句,而且已在原稿上这样做了。当时我们正有两套丛书在编印:"良友文学丛书",三十六开软布面精装,仅收创作;而五十开的"良友文库"袖珍本,也是布面精装,内容范围较广,文艺理论、翻译作品都收。两套丛书都用老五号字排。该稿经审阅后,决定采用,准备编入"良友文库"。我便去信征求鲁迅和译者的意见。十二月二十五日,收到鲁迅复信:

《尼采自传》,良友公司可以接受,好极。但我看最好是能够给他独立出版,因为此公颇有点尼采气,不喜欢混入任何"丛"中,销路多少,倒在所不问。但如良友公司一定要归入丛书,则我当于见面时与之商洽,不过回信迟早不定。

据许广平回忆,译者"行踪甚秘,住处也无人知道。时或一来寓所,但有事时,我们总是没有法子去找寻的"。①一九三五年一月十五日我又去信催问,鲁迅于第二天复信说:

《尼采自传》的事,看见译者时,当问一声,但答复是迟的;因为我不知道他的住址,非等他来找不可。

直到一月二十日,日记上载有"晚诗荃来"。次日,鲁迅的回音来了,说:

《尼采自传》的译者,昨天已经看见过,他说,他的译本是可以放在丛书里面的。

这样,出版问题终于解决了,我们便按老五号字,标点占一格排,着重词句旁加黑点,列为"良友文库"第四种。译者署名梵澄。

---

① 许广平:《欣慰的纪念》,人民文学出版社1951年版,第81页。

一个多月后，清样出来了。按例由编辑部送给作、译者自校。但这位译者没有给我们留下地址，一切都由鲁迅转，清样也只能寄给他。三月六日我去信催问，九日收到鲁迅的答复：

> 六日信收到。梵澄的来，很不一定，所以那《尼采自传》，至今还搁在我寓里。我本来可以代他校一下，但这几天绝无工夫，须得十五以后才可以有一点余暇。假如在这之前，他终于没有来，那末，当代校一遍送上，只得请印刷所略等一下。但即使他今天就来，我相信也不会比我从十五以后校起来更快。

这最后一句但书，说明鲁迅担心清样如果给译者自校，也未必能符合编辑部的要求，因而造成麻烦，延迟出版，所以表示即使译者立刻来到，也不如由他自己代校更为迅速。其实，鲁迅在第一封来信中所提的第四点，就看出从一开始，他就自动提出过"不如由我校对，比较的便当"了。这种处处为出版者着想，于百忙中甘愿为这位文学青年当校对的事，是感人至深的。

正如鲁迅所料，他一直没有找到这位译者。三月十二日的《日记》记有"晚得徐诗荃信，即复"。那肯定是告诉他看清样的事，但译者仍未出现。三月十五日，也就是鲁迅在前信中所说这"以后才有余暇"的日子，但鲁迅早在这一天以前，把二百页清样全部校完了。就在这天晚上，来信说：

> 《尼采自传》的翻译者至今未来，又失去通信地址，只得为之代校，顷已校毕，将原稿及排印稿各一份，一并奉还。

> 又书一本,内有尼采像(系铜刻版),可用于自传上,照出后该书希即掷还。

原来鲁迅书库中,自藏有尼采原著,供借插图事以前曾在信中说起了的。译者于廿二日才去鲁迅家,《日记》记有:"诗荃来,不见,留字而去。"五月上旬书出版,我要求鲁迅通知译者来"良友"领取样书,并办理出版手续。九日得鲁迅复信说:

> 《尼采自传》译者,久无消息,只得听其自来。

此后我记得徐诗荃来了良友公司编辑部,我和他见了一面。我们于五月十日送了两本样书给鲁迅,译者于六月一日也送了一本去,那天《日记》记有"下午诗荃来,不见,留《尼采自传》一本而去"。鲁迅为之辛勤劳动,付出不少宝贵时间和精力的《尼采自传》终于和中国读者见面了,这可以说是在中国出版的第一本从德文移译的尼采原著译本。

就在此书出版后三个月光景,鲁迅又主动热情地把徐诗荃介绍给当时主编"世界文库"的郑振铎,推荐他翻译的尼采另一部更重要的巨著《苏鲁支如此说》。《鲁迅书信集》中虽仅收一封鲁迅给徐诗荃的信,而内容恰恰与翻译尼采著作事有关。信是八月十七日写的,其中说:

> 前几天遇见郑振铎先生,他说"世界文库"愿登《苏鲁支如是说》,兄如有意投稿,请直接与之接洽。

可见鲁迅见到郑振铎时,已当面把这部译稿介绍给他了。

此后一个月里,《日记》中有几次提到诗荃与西谛。当时梵澄手中有不少尼采的译稿,所以十月份出版的"世界文库"第七卷,先发表《启示艺术家与文学者的灵魂》,第八卷继续发表《宗教生活》。从第九卷起到终刊的第十二卷,才陆续发表了尼采的《苏鲁支如是说》全文。郑振铎在刊登该稿的前言中,对译文予以很高的评价,说:"这部译文是梵澄先生从德文本译出的;他的译笔和尼采的作风是那样的相同,我们似不必再多加赞美。"梵澄所译尼采的这部代表作品,得以用完整面目第一次与中国广大读者相见,同样应归功于鲁迅先生!

三

鲁迅与尼采的关系,一直是鲁迅思想研究工作者所关心而不大敢接触的问题,除一九三九年洛蚀文(王元化)写过《鲁迅与尼采》专论刊于《文艺漫谈》外,最近数十年来,在宁左勿右思潮指导下,很少人去探索这个问题,所以好久没有见到过这方面的研究文章,人们似乎觉得把鲁迅与尼采联系起来便会贬低鲁迅。而另一方面,因为没有专家们正确地、科学地、历史地进行研究,写出有说服力的理论文章,有些文学青年便用好奇的目光,试图闯入这个"禁区"。记得"十年浩劫"的最后一二年,我经常接待许多来自各地的参加鲁迅著作注释工作的青年同志。他们根据鲁迅给我的书信,提出一连串要我答复的问题,往往包括鲁迅与尼采思想的关系问题,也提到鲁迅晚年为什么还如此热心地向良友公司介绍出版梵澄译的《尼采自传》这样的书,我实事求是地答复他们,我对哲学并无研究,无可奉告。但自己心中也存在着一个疑问,鲁迅对梵澄译的《尼采自传》一书所流露的喜爱之情是颇不平凡的；再加上鲁迅紧接着一手促进梵澄为《世界文库》译出了《苏鲁支如是说》这样一部名著，我们应当如何来理解这种思想感情呢？

鲁迅对尼采著作开始发生兴趣，远在一九〇二至一九〇三年在东京弘文学院学习德文时。周作人写到当时鲁迅学习情况时说："在东京虽然德文书不很多，但德国古典名著却容易买到，价钱也很便宜，鲁迅只有一部海涅诗集……十九世纪的作品也没有什么。这里尼采可以说是一个例外，《察拉图斯忒拉如是说》一册多年保存在他书橱里，到了一九二〇年左右，他还把第一篇译出，发表在《新潮》杂志上面。"① 许寿裳的回忆录中也说到："鲁迅在弘文学院时，已经购有不少日本文书籍藏在抽屉内。如拜伦的诗，尼采的传……等等。"② 说明从学生时代起，鲁迅就爱读尼采的书，也译过他的作品。在他早期作品中，颇多论及尼采和引用尼采的话，思想上受到过尼采的积极影响。刘半农曾赠鲁迅一幅联语："托尼学说，魏晋文章，"③ 鲁迅也不加反对。瞿秋白曾说："自然，鲁迅当时的思想基础，是尼采的'重个人非物质'的学说。"④ 唐弢评鲁迅，说他是"由嵇康的愤世，尼采的超人配合进化论而至于阶级革命论"。⑤ 最近王瑶在论及现代文学史上中国作家受外国某一

---

① 周遐寿（周作人）：《鲁迅的故家》，第390页，上海出版公司，1952年。文中提到的书名，后来译成《苏鲁支如是说》。
② 许寿裳：《亡友鲁迅印象记》，人民文学出版社1953年版，第5页。
③ 孙伏园：《鲁迅先生逝世五周年杂感二则》，见《鲁迅先生二三事》。
④ 瞿秋白编《鲁迅杂感选集》，序言，上海文艺出版社，1980年重印本，第6页。
⑤ 唐弢：《鲁迅的杂感》，载《鲁迅风》创刊号。

作家影响比较显著的举例中,也首先把鲁迅和尼采联在一起。①根据日本友人增田涉的亲身体会,认为鲁迅晚年和他谈话时,给他的印象是:"还没有完全摆脱掉李贺和尼采。这是那样地扎根于他本来的性情和气质上的。"② 我个人的感受,从那天最初向我们介绍梵澄和尼采著作的谈话,直到《尼采自传》出书,我也认为鲁迅先生直到晚年,对尼采还是深有感情的。

那天谈话,我记得是从郭沫若译《苏鲁支如是说》只译了一半,他深感惋惜,因而向郑伯奇谈开的。鲁迅在一九三〇年曾说过:"中国曾经大谈达尔文,大谈尼采,到欧战时候则大骂了他们一通,但达尔文的著作的译本至今只有一种,尼采的则只有半部,学英、德文的学者及文豪都不暇顾及,或不屑顾及,拉倒了。"③ 这里所说译半部尼采的,就是郭沫若。郑伯奇接着就讲到当时《创造周报》中断发表郭译,是因为中国革命运动当时已有了大发展,译者认为继续译下去已无重大意义,所以停译了。鲁迅便认为像尼采这样的十九世纪重要思想家,把他的主要作品翻译出版还是有其必要的,不能仅从原作对我们今天的革命事业是否直接有利作抉择的标准。鲁迅那天对我们中国至今没有一本尼采译作出版表示遗憾。接着他就提到笔名梵澄的徐诗荃,已从德文译了几本尼采原著,苦于没有出版社肯接受,因为这类书销路有限,可能要亏本。当我们表示只要有价值,亏本也可以出一些时,他就告诉我们,梵澄正在译 **Thus Spake Zarathustra**。鲁迅说,该书正式译名应当是《苏鲁支如是说》,苏鲁支是古波斯的哲人,唐朝人就把他译成苏

---

① 王瑶:《关于中国现代文学研究工作的随想》,载于《中国现代文学研究丛刊》,1980年第4期,第20页。
② 增田涉:《鲁迅的印象》,北师大中文系译本,1976年,第73页。
③ 《鲁迅全集》,第4卷,第172页。

鲁支。该书篇幅很大,给"良友"出不适宜。梵澄译好的另一部《尼采自传》,原书名《那么一个人》,改译此名,通俗易懂,仅六七万字,如果良友公司有意,可以介绍你们出。接着他为我们谈了这本书的内容,说书中分别讲尼采自己生平几部重要著作,如《悲剧之产生》《朝霞》和《苏鲁支如是说》等构思经过和成因;论述的书虽然至今都没有中译本,但先让我国读者从中了解尼采的生平和著作,也是一件有益的事。

现在回忆鲁迅这段话,如果同他对如何正确对待翻译出版外国文学作品的一贯主张相对照,就不难理解鲁迅晚年虽对尼采的态度已发生了根本的改变,就在我们约他写的"中国新文学大系"(小说二集)导论中,不但批判了尼采,也批判了深受尼采超人哲学影响的高长虹,但这和他就在同时鼓励梵澄翻译,劝说我们出版尼采著作,并无什么矛盾之处。因为鲁迅在《关于翻译(上)》[①]一文中早已说过:"我是主张青年也可以看看'帝国主义者'的作品的,这就是古语所谓'知己知彼'。"

四

鲁迅生前爱护、培养梵澄的深情厚谊,许广平亲见亲闻。鲁迅逝世后,停放在万国殡仪馆的小房间中时,梵澄一清早就去那里吊唁,悲怆至极,泣不成声。当时他告诉许广平,鲁迅给他的信,可以集成厚厚的一本,希望将来能够印出来!许广平在一九三九年的一篇纪念文章中说:"现在,这位青年的友人,也不知走到那里去了。他保存着的书信,不知有没有损失在烽火之中,我们祝祷他的前途!并希望他善体先生通信中的拳拳

---

① 《鲁迅全集》,第5卷,第234页。

至意。"①

四十多年过去了,许广平也已不在了,我一直没有听到过关于梵澄的消息,也没有看到梵澄写的一篇文章,这么一大批书信是否还保存着呢?如果梵澄还健在,应当和我一样,是一位白发苍苍年逾古稀的老人了。当我们大家准备纪念鲁迅一百周年诞辰的日子里,我拟了这个题目,准备写篇回忆史料。为了打听梵澄的下落,去信试问北京人民文学出版社鲁编室的一位同志。完全出乎我的意料之外,欣悉徐诗荃先生一直旅居国外,一九七九年已自印度回国,现在改名徐梵澄,正在北京中国社会科学院世界宗教研究所工作。故友从海外倦游归来,真是喜出望外。我写信去向他问候,并请教他几个问题。怎奈他正致力于其他学术研究,工作繁重,暂时无闲考虑。但从他去年年底的一封复信中,让我知道了有关鲁迅给他近百封书信的命运。信中说:

> 流光如驶,一转眼又四十余年。鄙人对于往事,惟恍惟惚,若明若昧。实难记述精详。遭遇亦多不幸。如鲁迅先生书信及存上海之书,早已失于解放之前,其中有《尼采全集》,遂无从追出。而敝友有版本较佳之《尼采全集》一部,并其他图书,代为保存于长沙舍间,又并原有舍间之藏书,以及房屋,皆毁于抗战中长沙之一火。此时承问及尼采诸事,浑浑如梦中事,不知所答。

终于不出许广平生前所料,这么一大批鲁迅手迹文物,全部失

---

① 许广平:《欣慰的纪念》,人民文学出版社,第85页版1951年。

落了。不知还有找回来的一线希望否?

  研究鲁迅与尼采的学术研究论文,一九八〇年有一个大突破,是一次可喜的大收获。武汉大学陆耀东和唐达晖,分别写了《试论鲁迅评尼采》和《鲁迅前期思想和尼采》,[①] 材料丰富,观点鲜明,分析深入浅出,是有学术价值的专论文章。还有北京大学乐黛云写了《尼采与中国现代文学》,[②] 其中关于尼采与鲁迅部分,占了很多篇幅,也是一篇好文章。我这篇回忆史料,仅仅作为我对鲁迅先生百年诞辰的一点小小纪念而已。对鲁迅与尼采这个命题,如果徐梵澄同志何日得闲,能为我们写篇纪念文章,那将是所有鲁迅研究工作者和广大读者所深深期待着的!

1981年2月(《鲁迅研究》第3辑)

---

① 两文均载于《鲁迅前期思想》,1980年,天津人民出版社。
② 见《新华月报·文摘版》,1980年9月份。

编选《苏联版画集》

——病中口述序文

一

伟大的鲁迅，为了让中国人民看到世界上第一个社会主义国家——苏联的革命和建设的新面貌，为了让更多的美术青年掌握木刻这个锐利的武器，他对苏联的木刻、版画独力搜求，独力展出，独力出版，让千千万万要求进步、爱好美术的青年，广开眼界，接触新生事物，从而引导他们走向光明，走向革命。

从《朝花夕拾》的几篇回忆文章中，早就看到童年时代的鲁迅爱看木刻绘图读物《山海经》和《点石斋丛画》之类。鲁迅于一九二七年从广州到上海定居后，一九二九年，就同一样爱好收藏木刻版画的革命青年柔石等人"往来了许多日，说得投合起来了，于是另外约定了几个同意的青年，设立朝华社。目的是在绍介东欧和北欧的文学，输入外国的版画，因为我们都以为应该来扶植一点刚健质朴的文艺"。① 这一年陆续编印了《近代木刻选集》四种，所选都是英、法、德、日的作品。一九三〇年二月编印的第五种，选画对象有了显著的转变，

---

① 《鲁迅全集》，第4卷，第369页。

书名《新俄画选》。鲁迅在该书《小引》中说出了他的出版意图:"新俄的美术,虽然已经给世界以甚大的影响,但在中国,记述都还很聊聊。"这本画册包括十二幅作品,其中绘画七幅,木刻五幅。木刻中有苏联木刻大师法复尔斯基的作品《莫斯科》,是从日本昇曙梦著《新俄美术大观》里翻印的。他说明这本画集所以多选版画,是因为"当革命时,版画之用最广,虽极匆忙,顷刻能办"。这几句话已足证明鲁迅介绍这些美术作品给中国读者,目的是为了给中国革命美术青年以斗争的武器,决不是为艺术而艺术的。在中国现代美术史上,这本画集是鲁迅把苏联版画介绍到中国来的第一块里程碑。

从《鲁迅日记》所附历年书账来看,突出地表明一九三〇年花用的书款高于任何一年,而书目中约近半数是从国外购入有关美术和版画方面的名贵画册。鲁迅在搜购各国出版的版画画册并加翻印介绍后,对翻印后的印刷效果当然不会感到满意。于是从一九三〇年开始,委托在法国和德国的朋友分别从彼邦收购原作版画。次年二月,又托在苏联的曹靖华购买毕斯凯来夫为《铁流》所作木刻插图原拓本。鲁迅说:"靖华兄的来信说,这木刻版画的定价颇不小,然而无须付,苏联木刻家多说印画莫妙于中国纸,只要寄些给他就好"。[①] 以后就通过这种"抛砖引玉"的方法,在鲁迅与苏联著名版画家之间,建立了中苏人民之间的最初的文化交流。鲁迅得到的"意外的收获"中,包括一九三二年六月收到的三十七幅,一九三三年八月收到的十七幅和十一月收到的五十六幅。据最近发现的致国外友人书信中,鲁迅曾在一九三四年向赠送木刻作品的苏联版画家克拉甫钦珂、冈察洛夫和亚历克舍夫等五人分别写过三

---

① 《鲁迅全集》,第7卷,第673页。

封表示感谢的信。

寄画者排除种种困难,把这些艺术珍品从十月革命的故乡送到鲁迅手中时,他的喜悦之情我们是可以想象的。但是他说:"这些作品在我的手头,又仿佛是一副重担,"他担心:"现在的人生,又无定到不及薤上露,万一相偕湮灭,在我,觉得比失去了生命还可惜的。"① 于是他通过两种途径,使这些版画手拓本与广大群众见面。

一九三三年十月十四日,在上海千爱里和日本青年会两处举行了"德俄木刻展览会"。十二月二日至三日,又在日本青年会举行了"俄法书籍插画展览会"。在这两次会上,鲁迅把他从"那边"寄来的版画手拓本各展出了四五十幅,法国的都是复制品。他所以要这样做是因为"内容,苏联的难以单独展出,就须请人作陪,这回的法国插图就是陪客"②。已故木刻家陈烟桥回忆说:"这次展览会的出现是中国接受苏联新艺术最早的一次。"③

同时,他从所收藏的苏联版画原作中选了六十幅(实际只有五十九幅),用自己节衣缩食得来的钱,送去日本制版印刷,到一九三四年四月完成。版权页上书明:"三闲书屋据作者手拓原本用珂罗版翻造三百部,内五十部为纪念本不发卖,二百五十部为流通本,每本定价一元五角。"他给郑振铎的信上说:"新俄木刻集已印成……此系从东京印来,每本本钱一元二角,并不贵,印工也不坏,但二百五十本恐难以卖完,则

---

① 《鲁迅全集》,第7卷,第674页。
② 《鲁迅书信集》,第456页。
③ 陈烟桥:《鲁迅与木刻》,刊于《鲁迅先生纪念集》,第2辑,第8页。上海书店复印,1979年。

折本也必矣。"① 这本画集就是大家所熟知的《引玉集》。

当时上海的进步文艺界一直处于白色恐怖中,鲁迅更是首当其冲。反动小报屡次造谣说鲁迅拿到了卢布;国民党反动派更把木刻视为一大禁忌。鲁迅给李桦信上说:"所以在这里,说起'木刻',有时即等于'革命'或'反动',立刻招人疑忌。"②给曹靖华信上说,反动派"看到'俄国'两个字就恨恨"。③ 现在木刻版画之前又加上苏联的,更像是一团烧红的火炭,谁也不敢去碰它。但是鲁迅就以希腊神话中的普罗米修斯自居。他说:"人往往以神话中的Prometheus比革命者,以为窃火给人,虽遭天帝之虐待不悔,其博大坚忍正相同。……然而,我也愿意于社会上有些用处,看客所见的结果仍是火和光。"④ 当时还有人写文章嘲笑鲁迅印珂罗版木刻画集是私人精印本,属于罕见书之列。鲁迅说:"这就是在讥笑这一件事。我还亲自听到过一位青年在'罕见书'边说,写着只印二百五十部,是骗人的,一定印的很多,印多报少,不过想抬高那书价。"⑤

当时我已同鲁迅先生有了多次来往。他知道"良友"自备印刷厂,见到我时曾多次对我说,为什么不想法出些有意义的美术画册呢?这给我很大的启发和鼓励。当朋友们告诉我《引玉集》已出版时,我就写信去问他。一九三四年九月一日,鲁迅给我的信上说:

> 来信所说的木刻集,当是《引玉集》,出版

---

① 《鲁迅书信集》,第556页。
② 同上,第715页。
③ 同上,第312页。
④ 《鲁迅全集》,第4卷,第170页。
⑤ 同上,第4卷,第467页。

之后,因为有一个人要走过公司前面,我便将送先生的一本托他带去交出,直到今天,才知道被他没收了,有些人真是靠不住。现当于下星期一挂号寄上,以免错误。

隔两天,我就收到一件印刷品挂号。从纸匣内抽出是一本纸面精装的画册。看到黄底封面的上半部,裱糊着一方大红纸,鲁迅在上面用毛笔把所选十一位苏联版画家的英文译名字母,分六行组成一幅别具风格的封面图案,色泽和谐,朴素大方,一看就知道是鲁迅亲自装帧设计的。用木刻形式反映十月革命的星星之火,终于通过鲁迅的辛勤劳动,送到中国革命美术青年手中来了。这本画集是鲁迅介绍苏联版画到中国来的第二块里程碑。

二

一九三六年初,从南京传来了消息,由苏联对外文化协会(VOKS)组织的规模宏大的苏联版画展览会已在南京展出,即将运来上海。进步文艺界朋友喜出望外,引领翘盼。二月二十日,展览会在上海八仙桥青年会九楼东厅开幕了。

鲁迅事前如何参加这次画展活动,过去有不同的说法。有人认为鲁迅为《申报》写介绍画展的文章成于二月十七日,发表于二月二十四日,根据当时展览会先举行预展的习惯,鲁迅有可能是在参观预展后写的。至于谁组织这篇发表在《申报》上的文章,一直是一个谜。一九七七年《革命文物》第四期发表了在上海新发现的鲁迅致茅盾的七封信,其中有两封是有关苏联版画展览会的，对此提供了重要的线索。

一九三六年二月十四日给茅盾的信中说："关于版画的文章，本想看一看再作，现在如此局促，只好对空策了。发表之处，在二十七以前出版的期刊（二十日），我只知道《海燕》，而是否来得及登载，殊不可知，因为也许现在已经排好。至于日报，那自然来得及，只要不是官办报，我以为那里都可以的。文稿当于二十左右送上，一任先生发落。"二月十八日致茅盾函中说："新八股已经做好，奉呈。"这两函所说就是后来发表在《申报》上的那篇文章。再查二月一日的《鲁迅日记》，记有："下午明甫来。得苏联作家原版印木刻画四十五幅，信一纸，又苏联版画展览会目录一本。"明甫即茅盾。可见苏联方面在二月初就把展览会目录和请他写介绍文章的信，通过茅盾送给鲁迅了。同时送给他的还有参加展出的版画家本人送给鲁迅的四十五幅手拓本。

鲁迅认为这次展览会可能对我国青年木刻工作者起到很大影响是早有估计的。他在二月十七日给郑野夫的信中说："二十日起，上海要开苏联版画展览会，其中木刻不少……于中国木刻家大有益处，我希望先生和朋友们去看看。"① 原来这次在上海的展出是由官办的中苏文化协会上海分会出面的，所以二月二十日《日记》记有："得中苏文化协会信。"这大约是一封由主办机关发出的正式请帖，但鲁迅没有在开幕日去出席。

当我知道画展将于上海展出时，引起了我一连串的幻想：如果能取得这次展品的出版权，将是多好啊！如果能请到鲁迅来选画、写序，那将是文艺出版界一件多么有意义的大事！

---

① 《鲁迅书信集》第948页。

木刻,尤其是苏联木刻,一直遭到国民党反动派的仇视,但一九三六年究竟比前几年有所不同。国民党的"图书杂志审查会"已因发生得罪了日本皇帝的"《新生》事件"而关门大吉。国民党反动政府在全国人民压力下,不得不于一九三二年底宣布中苏复交。这次画展就是由官办的中苏文化协会出面的,他们也要在这方面装点门面,欺骗群众。这些是出版画集的有利条件。但值得顾虑的事也不少。展览和出书影响不同,前者受时间地点的限制,后者将广泛流传,影响深远。国民党反动政府可以同意展出,不一定就会同意出书。至于苏联方面,像良友图书公司这样一个中型出版社,他们是否会看得上眼,把出版权交给我们呢?此外,鲁迅是否会答应为我们选画作序呢?

我怀着这些问题,赶在二十日开幕那天去青年会大楼浏览一下,企图摸些情况,再作打算。那天我上了九楼东厅,看到约三百件展品,琳琅满目,美不胜收。对于苏联版画,过去只有少数进步文艺刊物偶有介绍,也仅限于木刻。这次从莫斯科直接运来这么一大批艺术珍品,包括木刻、石刻、铜版、胶刻、套色木刻、粉画、水墨画和独幅版画等,这对中国美术青年,真是大开眼界。至于要求对十月革命的苏联有一次初步认识的广大群众来说,这更是空前未有的机会,通过艺术创作,可以形象地接触到一个新的世界。许多观众在描绘集体农庄、大油井、水电站、拖拉机站、熔铁炉、扫盲班等画幅前停住了脚步。更多的观众在列宁、斯大林、高尔基的画像前,在描写十月革命的历史画前,默默地注视着,连呼吸的声音都听得出来。苏联工人阶级在社会主义革命和建设中所取得的伟大成就,吸引着正在黑暗、贫穷、饥饿、内战中挣扎着生活的中国观众。我从观众的反应里,看出把这些版画编印出版,确实是件值得一做的工作。

　　第二天，廿一日，我就去内山书店找鲁迅先生。一见面，我就急不及待地把我的初步想法都向他谈了，也提出了将来请他选画作序的要求。他听完了我的话后，非常高兴地支持我去做。但是我当时首先想到的是如何取得出版权的问题。知道鲁迅与苏联方面有交情，因此言语之间，我吐露了要他为"良友"去取得出版权的一种幼稚可笑的想法。鲁迅看出了我的心意，便亲切地对我说："出版这样一本画集是一件有益于革命的工作，而革命工作是要自己去争取的啊！"我一时答不出话来，只好连声称是。事后我才体会到这两句话是鲁迅对我最大的教育和鞭策。

　　我便在随后的几天里，每天去展览厅找工作人员打听谁是展览会的负责人。待我说明来意后，他们多方推托，不直接答复我。我就天天去和他们磨，缠住不放。二十三日上午鲁迅偕许广平和海婴来参观时那幕动人情景，我也亲眼目睹了。如今回忆，犹历历在目。

　　那一天，原来已有不少观众的展览厅里，忽然看到一群观众向一位刚进门的老年人迅步奔去，围在他的四周，以后紧跟在他背后一起看画。当时我在大厅的一角，开始不知发生了什么事。从远处张望，才发现鲁迅来了。长期渴望亲眼见一见鲁迅的青年，怎么会放过这样一个宝贵的机会呢？我看到一位青年拿出自己的一支自来水笔，连同展览会目录本一起送到鲁迅手里，要求他签名留念，他欣然执笔签了。这一下，大家都学他的样。鲁迅热爱青年，不住地向四周群众点头微笑。我是有机会经常见到鲁迅的，那天看到这样兴奋的场面，不便再去招呼他，打扰他，不久就悄悄地下楼走了。

从《日记》上看,那天除去参观外,鲁迅还"定木刻三枚,共美金二十"。根据许广平回忆:"在公展期间的上午去看,并且定购了八幅……这天他非常之兴奋,看完一遍,就在食堂用膳,后又陪同司徒乔先生等再看一次,然后回去。待到展览结束之后,先生总像小孩焦急着买来的玩具到手似的。有一天,史沫特莱女士亲自送来了,而且口头带到的好意,是苏联大使把他订购的八幅连同镶好的镜框全送给他了,一个钱也不要。"① 最近经我向上海鲁迅纪念馆了解,这几幅画现在都由该馆编目珍藏着,但既不是三枚,也不是八幅,而是七幅,这和《日记》后面书账所列是相符的。

后来,一位负责展出的工作人员告诉我,能够答复我要求的只有当时任中苏文化协会上海分会会长的黎照寰,他是上海交通大学校长。我在获得良友公司经理同意出版这样一本画集后,去交通大学找到了黎照寰。他虽然表示个人赞成出书,但又说展览会是苏联对外文化协会所主持,如此重大的事情他无权答应。他要我直接去苏联驻沪领事馆找那里的负责人。但答应把我的要求代为转达,然后由我自己去商谈。

隔了几天,展览会工作人员来电话,约我第二天上午去苏联领事馆联系。朋友们告诉我,地处上海外白渡桥堍的苏联领事馆附近,经常有国民党特务守望着,对于出入的中国人特别注意。但当我想到鲁迅对我讲过的两句话时,就增加了百倍的勇气。第二天上午,我终于跨入了苏州河畔苏联驻沪领事馆的东大门,一个人胆战心惊地步上石阶,走进了粉刷着青灰色的大楼。我是不会讲俄语的,但还能说几句英语。管门人把我引入一间大客厅。一回儿,从边门走来了一位高个子的苏联人,

---

① 许广平:《关于鲁迅的生活》,人民文学出版社1954年版,第74页。

他热情地接见了我，并且自我介绍，名叫萨拉托夫，负责秘书工作。他似乎事先已知道了我的来意。当我把我们的要求，以及准备请鲁迅选画写序等话说完后，他很高兴地同意了。但他提出两个条件：第一，要保证把原作保管好，不得污损，对于制版印刷，要尽量使印刷效果接近原作；第二，定价要便宜些，使一般读者都有能力购买。至于作品的出版权，苏联方面不要求任何报酬，将来对每位作者送些书就可以了。临别时，约定一待展览会结束，他将电话通知我，由我去领事馆领取全部展品。我怎样和何时把这个好消息告诉鲁迅的，现在已记不起来，但从他给友人的两封信中，可以看出鲁迅已经知道了。三月廿六日给曹白信中说："苏联的版画确是大观，但其中还未完全，有几个有名的作家，都没有作品。新近听说有书店承印出品，倘使印刷不坏，是于中国有益的。"① 三月三十日给寓居苏联的德国艺术评论家保尔·艾丁格信上说："二月中，上海开了一回苏联展览会，其中的作品，有一家书店在复制，出版以后，我想对于中国的青年会有益处的。"②

我得到萨拉托夫的电话可能在三月底的一天。我第二次去苏联领事馆，心情和上次完全不同。我满怀信心地上领事馆找到了萨拉托夫同志，他告诉我今天可以把全部展品交我带走。本来良友公司经理已关照我，回来时可以雇一辆出租汽车，但这位秘书不等我开口要叫车，他已派人把一只像小方桌那样大面积，高有三四寸的大木箱扛下楼去。当他送我到门口时，大木箱早已装进了他们自己用的一辆黑色小轿车的后座，让我坐在司机旁边。就这样，一箱凝结着数十位苏联著名艺术家心血

---

① 《鲁迅书信集》，第966页。
② 《鲁迅书信集》，第968页。

的结晶品,不要我签一个字,就让我带走了。

这箱画拿到后,我小心翼翼地把它安放在我自己的编辑室里一张长沙发下面,晚上加了门锁才回家。四月一日,我写信给鲁迅,问他是否把画送去内山书店由他选,因为前一阵,我已从朋友那里听说,鲁迅身体最近不很好。我在信中还提出了请他写序的事。他在二日复信上说:

> 苏联画展,曾去一览,大略尚能记忆,水彩画最平常,酌印数幅已足够。但铜刻、石刻、胶刻(Lino-cut)、Monotype各种,中国绍介尚少,似应加印若干幅,而Monotype至少做一幅三色版。大幅之胶刻极佳,尤不可不印。
>
> 至于木刻,最好是多与留存,因为小幅者多,倘书本较大,每页至少可容两幅也。
>
> 我可以不写序文了,《申报》上曾载一文,即可转载,此外亦无新意可说。展览会目录上有一篇说明,不著撰人,简而得要,惜郭曼教授译文颇费解,我以为先生可由英文另译,置之卷头,作品排列次序,即可以此文为据。
>
> 阅览木刻,书店中人多地窄,殊不便。下星期当赴公司面谈,大约总在下午二点钟左右,日期未能定,届时当先用电话一问耳。

三

当时良友图书公司设在北四川路851号,底层是门市部,后边是印刷厂。编辑部在后部三楼，走上三楼要通过一条露天的狭窄的铁扶梯。我的编辑室只有十多个平方的面积，放着两张写字台，一张长沙发，还有些书橱、文件柜之类，已没有多少回旋的余地。向西开的窗子，虽然挂着一幅竹帘，一到下午，初夏的太阳直晒进半屋。

四月七日上午接到电话，听到的是我所熟悉的声音，鲁迅约定当天下午二时将来公司选画了。过去鲁迅来"良友"，我们都在楼下会客室见面，这次是他第一次亲临编辑部，我的情绪有些紧张。两点不到，门市部来电话，说鲁迅先生已到了，我连忙下去迎接他上楼。他走完三层铁扶梯，显得气喘吁吁，脸色有些苍白。进屋后，我就请他坐在长沙发上。仅仅寒暄一回，还没有吸完一支烟，他就要我把画拿出来。我就从他坐着的那张沙发底下，拉出那只大木箱，他站起身来让我把箱盖打开，一大堆精裱的画幅就放在沙发上。这时，他改坐在一把写字椅上，开始静静地从第一幅起轻轻地翻阅，把入选的放在左边，不要的放在右边。慢慢地他的气色好了，从这个时候起，他似乎进入了另一个精神世界，脸上不时地浮起一阵满意的笑容。我和刚从另屋进来的编辑部其他同事，一起站在他的背后，大家想借此机会，再一次欣赏这批艺术杰作，也想听听鲁迅的宏论。他一边选画，一边和我们谈话；时而点一支烟。他先给我们谈起过去托人在苏联搜集木刻原拓，经历了怎样的艰难；又说到前次去青年会参观，跟随的人多，时间又侷促，走马看花，印象不深，现在倒可以安坐着仔细欣赏了。鲁迅对每幅作品都细细玩味，先放近看，然后放远处看，偶尔遇到大幅作品，还叫我们把画拿到门口光线充足的地方让他远远地看。他有时谈笑风生，有时凝神静思，久久地默不作声，有时指出一幅画的优缺点，谦逊地征求旁人的意见。

鲁迅对苏联木刻大师法复尔斯基是非常崇敬而熟悉的。他是由鲁迅介绍到中国来的第一个苏联版画家。这位美术家曾两次赠送鲁迅原作十一幅。那天他除关照我把他的作品列为第一位之外，又决定了入选十五幅木刻的编排次序。他对为小说《人参》所作插图第二幅特别赞扬，后来我们就把它作为纸面精装本的封面装饰画。

他特别喜爱克拉甫钦珂所作三幅描绘第聂伯水电站的木刻。画家用最精细的刀锋刻划了苏联社会主义建设的宏伟图景。现在知道鲁迅在展览会选购的七幅作品中，有两幅是克拉甫钦珂的作品，其中一幅就是《但尼伯尔（第聂伯）水闸》，另一幅是《巴古（库）油田》。四月十二日鲁迅给我信中，又要我把《但尼伯尔（第聂伯）水闸之夜》翻摄一张六吋照片，"因须用于一篇文章中，作为插图，来不及等候画集的出版了"。展出品中有他的两幅小品：木刻邮票两枚。这与我们平时所用普通邮票差不多大小。其中一幅以大水坝、高耸云霄的大铁塔与高楼大厦作背景，前面下方是一字长蛇阵的拖拉机，成群的飞机翱翔天空；另一幅刻了一架大型客机，背景里有一大排工厂和多层大厦，远处是克里姆林宫和莫斯科河上的多孔大桥。在这样小的画面上刻出如此丰富多采、层次分明的复杂景色，木刻家所表现的神妙手腕，确实使每个人看了都会拍案叫绝。鲁迅叫我们拿放大镜给他看，他说，这是以小品形式表现的两幅"巨制"。他担心如果制版技术不能保持原作纤巧的刀触，那就太可惜了。他认为这些地方，我们要拿出较高的制版水平，才算不辜负苏联艺术家同意我们复制出书的好意。

选画时，木刻大部分都收了，因为这可供中国木刻青年多所借鉴。对其他各种版画，几乎每种都收一些，以资参考。鲁迅最关心的 Monotype，后来他译成"独幅版画"，收了三幅，其中两幅指定制彩色版。鲁迅对我们准备印彩色版的八幅画，选得格外仔细，不但从各个版画品种方面着眼，而且考虑到苏联是个多民族国家，对少数民族作家的作品不能忽视，因而选了亚美尼亚和格鲁吉亚作家的两幅乡土风景画。此外，他选《文盲的消灭》和《基洛夫像》作彩色版，今天看来，也是含有深意的。

在选画时，他对文学家的画像和文学名著的成套插图备加赞美，几乎都选了。现在知道他订购的七幅版画中，其中有三幅就是《高尔基像》《柴霍甫像》和《普希金像》。对于十月革命的历史画和列宁、斯大林的画像一幅都不删。他说，这些画，过去一直无缘同中国广大读者见面，这次既印成画册，就应当让读者尽量多看到一些。为了满足中国人民对世界革命导师的渴望和崇敬，让他们对第一个社会主义国家革命斗争的历史多留下一点形象化的印象，鲁迅想得多么周到啊！

选画时间原来估计不会太长，但选到最后一幅时已近四点半了。太阳从西窗晒满了斗室，屋内气温逐渐上升，看来他老人家已显得非常疲乏。我们立刻把分成几堆的画幅用报纸分别隔开，一起堆到沙发的左边，并请鲁迅重新坐回到沙发的右角。这时，原来在旁看画的同事们都已陆续回到各自的办公室，屋内只剩我与鲁迅两个人。我就替他斟满了茶水，请他再抽一支烟，他便靠在沙发里闭目养神。休息一会儿后，我们谈了些关于青年作家的创作不易得到出版机会的问题，又谈了有关这本版画集编排制版方面应注意的事项。

原来过去出版的各种美术画册，从来不标明原作尺寸。

鲁迅对此甚表不满。那天他就要求这本画集出版时，应在每幅作品下端，除署明画题和作者姓名外，并注明原画尺寸。如果和原作一样大小，就标明"原寸"二字。他认为这样做，就使读者看到复制品时能够想象到原作的大小，这也是出版者尊重原作者的一种必要表示。《苏联版画集》就是遵照他的嘱咐这样做的，此后，我看到很多美术画册也开始这样做，得到美术工作者的好评。饮水思源，这一点应归功于鲁迅。

苏联木刻家的技术既如此精密细巧，制什么版才能存真呢？鲁迅在《论翻印木刻》一文中曾说过："锌版的翻印也还不够。太细的线，锌版上是容易消失的，即使是粗线，也能因镪水浸蚀的久暂而不同，少浸太粗，久浸就太细，中国还很少制版适得其宜的名工。"因此他印《引玉集》时送日去印珂罗版，但每制一版，最多只能印三百次。那天，我们对这批名贵的苏联木刻制什么版的问题，尤其像两幅木刻邮票等，交换了意见，但未获结果。当时我提出可否按《引玉集》那样送日本去印制，他答应把东京那家印刷厂介绍给我们。同时我们也考虑到原作系向苏联方面借来，远道寄递，如有差错，那就非同小可了。关于苏联方面提出定价务求低廉这一点，鲁迅认为极重要，应尽量使画集能为一般读者买得起。在书价问题上，他要我向"良友"经理力争。他又建议不妨出两种版本，后来我们就是这样做的。

我又谈到今后出版其他版画集的一些设想。最后我向他提出可否为画集另写一篇序言，他听了我的要求后，微笑地点头答应了。这使我感激万分，这一天，我的两个愿望都实现了。

等到把有关事项都向我交代清楚后，时间早已过了五点，迅速西沉的太阳，使屋内光线逐渐变色。他站起身来伸了一下腰，频频地用手帕拭去额上的汗水。忽然间，他接连咳嗽起来，我才发觉这一个下午把他老人家累坏了。我恳切地要他休息一下再回去，他不等我说完，已拿起放在桌上的呢帽，一下就跨出了房门。我跟在他后面缓步走下铁扶梯时，从背后看出同上次见面时相比，他已苍老多了。在大门口握别后，他匆匆地往北走去，我久久地站在门口，在暮色苍茫中，望着他的背影渐渐隐没入人群中。独自回到三楼编辑室时，只看到空荡荡的长沙发上堆着已经选好的画稿，地下丢满了烟蒂。想到鲁迅最近身体欠佳，为了介绍十月革命的辉煌事迹，为了让木刻青年多所借鉴，仍然满腔热情地化了整个下午抱病来选画，这种为革命文化事业鞠躬尽瘁的崇高精神，使我长久地平静不下来。这天下午留给我的深刻印象是我终身难忘的，因为这不仅是鲁迅最后一次来"良友"，也是我和他的最后一次见面。此后不久，他就病倒了。

鲁迅回去后第二天，四月八日立刻给我一封信，告诉我印《引玉集》的东京印刷厂地址。接着说：

> 就是印《引玉集》那样的大小，二百页左右，成本总要将近四元，所以"价廉物美"，在实际上是办不到的，除非出版者是慈善家，或者是一个呆子。
>
> 回寓后看到了最近的《美术生活》，内有这回展览的木刻四幅，觉得也还不坏，颇细的线，并不模糊，如果用这种版印，我想，每本是可以不到二元的。
>
> 我的意思，是以为不如先生拿这《美术生活》去和那秘书商量一下，说明中国的最好的印刷，只能如此，而定价却可较廉，否则，学生们就买不起了。于

是取一最后的决定,这似乎比较的妥当。

如果印起来,我看是连作者的姓名和题目,有些都得改译的。例如《熊之生长》不像儿童书,却像科学书;《郭尔基》在中国久已姓"高",不必另姓之类。但这可到那时再说。

这里可以看到鲁迅回寓以后,为制什么版的问题,替我们费尽心机;考虑到那位秘书提出售价要低廉,他建议我再去找秘书谈一次。关于画题译名问题是他事后想到的,也提醒我们注意。

不久,我们找到了一家制版所,他们能用制锌版的方法,改用三氯化铁代替镪水浸蚀在厚铜版上,既有深度,又能保持极细的线条,名曰铜锌版。试制几幅后,效果甚佳,两幅邮票做得非常逼真。于是我寄了几幅样张给鲁迅看看。四月十七日复信说:

所做的铜锌版,成绩并不坏。不过印起来,总还要比样张差一点,而且和印工的手段,大有关系:这一点是必须注意的。

照《引玉集》大小,原画很大的就不免缩得太小,但要售价廉,另外也别无善法。《引玉集》的缺点,是纸张太厚,而钉用铁丝,我希望这回不用这钉法。

制版技术问题解决后,接着彩色版样张也出来了。我又去请蔡元培老先生为这本画集写了一段题词,用手迹制版,放在书前,这是得到鲁迅赞许的。这段题词也是宝贵的文献,抄录如下：

> 木刻画在雕刻与图画之间，托始于书籍之插图与封面，中外所同。惟欧洲木刻于附丽书籍外，渐成独立艺术，因有发抒个性寄托理想之作用，且推演而为铜刻、石刻以及粉画、墨画之类，而以版画之名包举之，如苏联版画展览会是矣。鲁迅先生于兹会展览品中精选百余帧，由良友公司印行，足以见版画进步之一斑，意至善也。

展览会目录上那篇英文的介绍说明，我遵照鲁迅的意见，试译一遍，请鲁迅过目后，也已打了清样。这时，万事俱备，只欠东风，我们但等鲁迅答应写的新序了。五月二十三日，我写了信给他，他当天复我如下：

> 发热已近十日，不能外出；今日医生始调查热型，那么可见连什么病也还未能断定。何时能好，此刻更无从说起了。
>
> 版画如不久印成，那么，在做序之前，只好送给书店，再转给我看一看。假使那时我还能写字，序也还是做的。

现在查阅当时的《日记》，鲁迅连续几夜都有低温。五天后的二十八日，记有："得赵家璧信并复制苏联木刻。"我现在回忆，那是我已把印刷完成的图版部分用散装形式送给了鲁迅，说是供他写序时作参考，实际上是向他暗示，书版已全部印成，只要序文一到，即可出书了。再查《日记》，廿九日请须藤医生来注射强心剂一针；三十一日记有："下午史君引邓医生来诊，言甚危，明甫译语。"这一天就是美国友人史沫特莱女士请了美国医师邓肯来会诊，断定鲁迅所患已是肺病进入最后危险期的那一天。今天回想，当时我对鲁迅的病情真是一无所知啊！我真不该在那样的时刻，还为了写序的事去催逼他。

六月廿四日，我收到许广平寄我的一封简信，内附鲁迅为画集新写的四段序文。先看笔迹是许广平的，读到最后，才知道是鲁迅病中口述，由许广平在病榻旁逐字记下的。鲁迅指定仍把发表在《申报》上的文章放在前面，后面加上这新写的几节。新序中说：

> 右一篇，是本年二月间，苏联展览会在上海开会的时候，我写来登在《申报》上面的。这展览会对于中国给了不少的益处；我以为因此由幻想而入于脚踏实地的写实主义的大约会有许多人。良友图书公司要印一本画集，我听了非常高兴，所以当赵家璧先生希望我参加选择和写作序文的时候，我都毫不思索地答应了：这是我所愿意做，也应该做的。
>
> 参加选择绘画，尤其是版画，我是践了夙诺的，但后来却生了病，缠绵月余，什么事情也不能做了，写序之期早到，我却连拿一张纸的力量也没有。停印等我，势所不能，只好仍取旧文，印在前面，聊以塞责。不过我自信其中之所说也还可以略供参考，要请读者见恕的是我竟偏在这时候生病，不能写出一点新东西来。

这一个月来,每天发热,发热中也有时记起了版画。我觉得这些作者,没有一个是潇洒,飘逸,伶俐,玲珑的。他们个个如广大黑土的化身,有时简直显得笨重,自十月革命以后,开山的大师就忍饥,斗寒,以一个廓大镜和几把刀,不屈不挠的开拓了这一部门的艺术。这回虽然已是复制了,但大略尚存,我们可以看见,有那一幅不坚实,不恳切,或者是有取巧,弄乖的意思的呢?

我希望这集子的出世,对于中国的读者有好影响,不但可见苏联艺术的成绩而已。

我们从这几段充满着激情的文章中,深深地感染到作者那颗热爱十月革命、热爱真理、热爱艺术的窃火者的心灵,纵使暂时受到疾病的折磨,还是像太阳一样发放着光和热;至今读来,仍然照暖着每个读者的心。查六月份的《日记》,一日至五日病势沉重,六日起到三十日止,因"日渐萎顿,终至艰于起坐,遂不复记"。在连每日必写的日记都停笔的大病之中,仍念念不忘于这批苏联版画,接到我信后,还于二十三日扶病口授序文,赶在出书前如约寄出,虽寥寥数百字,字字呕心沥血。

四

七月四日,几经周折的《苏联版画集》终于出版了。我知道鲁迅急于要看到样书,所以当装订厂送来第一批十册样书时,立刻把半数送去内山书店。那天《日记》上记有:"良友公司赠《苏联版画集》五册。"两天后,又送去了十八本。七日给我的复信上说：

> 在中国现在的出版界情形之下，我以为印刷，装订，都要算优秀的。但书面的金碧辉煌，总不脱"良友式"。不过这也不坏。至于定价，却算低廉，但尚非艺术学徒购买力之所能企及，如果能够多销，那是我的推断错误的。
>
> 本来，有关本业的东西，是无论怎样节衣缩食也应该购买的，试看绿林强盗，怎样不惜钱财以买盒子炮，就可知道。然而文艺界中人却好像并无此种风气，所以出书真难。

这封信仍然是许广平的手迹，用钢笔写，信末看到用毛笔写的鲁迅的签署，可见他体弱，仍不能执笔，还是由他逐字口授，许广平代笔的。但从这封来信中，可以想象到当他拿到自己劳动的成果，看到他所大力支持的一个出版计划终告实现时，他老人家该是多么高兴啊！

这封信对我既有表扬，又有批评。鲁迅对封面装帧极为重视。他自己设计的《引玉集》《凯绥·珂勒惠支版画集》和《海上述林》等的封面，都具有独特的风格。"良友"出版的这本画集，精装本封面用的是闪色蓝黑小花点丝绸，书脊用金色皱纹纸，上印珠红书名，确实不免落于庸俗。鲁迅用"良友式"三字，不仅指这本画集而言，也是对当时"良友"出版的文艺读物和画册的装帧设计的总评语。但接着他又抚慰地说："不过这也不坏。"这种温厚长者对青年编辑的爱护和鼓励，至今回忆，还是使我衔感无已。

但在另一方面,他对当时那种粗制滥造、投机取巧的书商,却表示了无比的愤慨。苏联版画展览会结束后,有一家书店编印了一本名为《庶联的版画》的画册,把刊物上发表的各种苏联版画,重加翻印,集成一册,弄得面目全非,他看到后大为震怒。他在八月二日写给曹白的信上说:"最可恶的是一本《庶联的版画》,它把我的一篇文章,改换题目,作为序文,而内容和印刷之糟,是只足表示'我们这里竟有人将苏联的艺术糟蹋到这么一个程度。'"[①]看到他在"版画"二字之下加上两个问号,说明他对盗印者的深恶痛绝。他的爱憎是多么分明!

此后有一个极短时期,鲁迅的健康似乎逐渐得到了恢复。八月八日起,又为其他书稿出版的事继续和我通信。他对于画集出版后国内外读者的反应非常关心。九月初,他自认为病情好转了,对介绍苏联版画又有了雄心壮志。九月七日给保尔·艾丁格的信中说:"我极希望你有关于中国印的《Sovietic Graphics》(按:《苏联版画集》的英译名)的批评,倘印出,可否寄我一份,我想找人译出来,给中国的青年看。不过,这一本书的材料,是全从今年在上海所开的'苏联版画展览会'里取来的。在这会里,我找 Deineka 的版画,竟一幅也没有。我很想将从最初到现在的苏联木刻家们的代表作集成一册,绍介给中国,但没有这力量。"[②]这说明鲁迅对介绍苏联版画工作还抱有一个更为宏大的理想,企图从苏联版画发展史的角度,通过介绍所有重要作家的代表作品,系统地编一部完整的大画集。可惜这个伟大的出版计划,不是因为他没有力量,而是他没有时间来完成了。而且,即使他早已用他自己所收藏的另外六十

---

① 《鲁迅书信集》,第1017页。
② 《鲁迅书信集》,第1034页。

幅苏联原作编成的另一本画集,连书名也已取好为《拈花集》,也没有来得及问世。一个多月后,死神把鲁迅的生命夺走了。

当我在十月十九日上午得到靳以的电话通知,赶去大陆新邨九号,走上二楼鲁迅的卧室兼工作室,站在床前瞻仰遗容时,最先浮现在我脑海里的还是半年前他抱病来"良友"选画那天的感人情景。如今,鲁迅和我们永别了!鲁迅平时接见我都在内山书店。这是我第一次到他的家,也是最后的一次了。

那一天,我记得在卧室靠右窗口的一只堆满书报药物的镜台上面,看到过一幅我所熟悉的外国木刻画,几十年来,这个印象早已淡忘了。这次重读许广平所写题为《我怕》的纪念文。这是她在鲁迅逝世后几天,回到旧居,睹物思人,含泪写成的一篇动人心弦的悼文,以后没有编进过任何集子。她在文章中提到这幅画时说:"藤躺椅左方镜台,那安放好他新收到的书报杂志的一角,是准备随手取阅方便的,也安放着他最后服用的药品食物。还有他喜欢的《夏娃》木刻画,和苏联木刻展览会闭幕后苏联大使送的那一张木刻画像。这张画,本来是他选购的,后来作为赠品托史沫特莱女士带来的时候,史女士问他为什么选这一张?他说:'这一张代表一种新的,以前没有过的女性姿态;同时刻者的刀触,全黑或全白,也是大胆的独创'。"[①] 足见鲁迅对苏联的木刻怀有深厚的感情,因而把它作为案头装饰,朝夕与共。这幅放在镜台上的画,至今珍藏在鲁迅故居中,画名《拜拜诺娃像》,是毕柯夫所作。

《苏联版画集》的出版,同《新俄画集》和《引玉集》一样,对中国革命美术活动,特别是对青年木刻和版画工作者,曾经起过很大的影响。回顾四十多年前,我有幸参加这本画集的组

---

① 《鲁迅先生纪念集》,第4辑,第67页。上海书店复印,1979年版。

稿、翻译、编辑和出版工作，亲聆鲁迅先生对我的教诲，这是我毕生难忘的。如果把《苏联版画集》称为鲁迅介绍苏联版画到中国来的第三块里程碑，也许不算是过誉吧！

1978.3 初稿（《南开大学月报》，1978 年第 3 期）

1978.4 二稿（《回忆鲁迅的美术活动·续集》，人美版）

1981.3 修改

推荐葛琴的处女作《总退却》

——为什么写序后三年才出版?

鲁迅爱护革命文学青年,革命文学青年也像许广平在《鲁迅与青年们》一文中所说,"想尽千方百计去接近他,希望从他那里多少得点杨枝雨露"。① 但鲁迅一生为青年作家的创作小说集亲自写序文的为数不多,三十年代,他曾为柔石、叶紫、田军与萧红等的创作小说集写过序或小引。用他伟大的名字,把无名的青年作者,引领给广大读者第一次见面,起了深情爱护、郑重推荐的作用。葛琴的《总退却》,也是鲁迅应作者要求于一九三三年年底替她写序的,但书迟迟未见问世,直到一九三六年春,才由鲁迅亲自介绍给良友图书公司。此书的出版前后,经历过一段曲折多难的过程。

一

一九三二年上海发生"一·二八"事变后,国民党反动政府采取不抵抗主义,和日寇签订所谓"淞沪停战协定"后,丁玲主编的《北斗》,在复刊后的第二卷第二期上,以首篇醒

---

① 许广平:《欣慰的纪念》,人民文学出版社1951年版第53页。

目地位，发表了一位从未被读者所知道的女作家的处女作，这就是葛琴创作的短篇《总退却》。小说揭露了中国军队正在乘胜追击敌军的紧要时刻，忽然奉命后撤。士兵们在长官的压制下，在伤兵医院的一片混乱中，群情愤慨，提出了反帝斗争的强烈要求。这是一篇跳动着时代脉搏，充满了人民呼声的新人新作。冯雪峰用丹仁笔名在同期刊物上写了书评，认为作品虽不免还是"幼稚的"，但作者"对于群众生活和斗争的热情，对于急于要求文学去表现伟大题材的浓厚兴趣"，将对今后的新文艺运动产生深远的影响。

当时葛琴正在上海做地下交通工作，在敌人的鼻息下，完成着党所交下的各项艰巨任务。在她身边的恰恰有几位爱好文学的朋友，在同志们的鼓励下，她第一次拣起了文学这个武器，同时在两条战线上进行斗争。继《北斗》后，她又在《现代》杂志上发表了几个短篇。但灾难和贫穷突然把她击落到一个极端困难的环境里，她的孩子苏苏就在这时死去。她便只好离开上海到偏僻的农村去，写作兴趣完全丧失了。

一九三三年下半年，她从农村重来上海，继续写作。当时有一位至友，鼓励她编一个集子，他愿意负责出版。他们便鼓起勇气，由葛琴写信给鲁迅要求见见他，也有请鲁迅写序的想法。现查《鲁迅日记》，十二月十八日首次记有："得葛琴信，即复。"十九日日记有："午后复葛琴信。"可见在后一封信里，鲁迅把约见葛琴等人的时间地点通知她了。

是十二月的一个严寒的下午，作者由几位朋友陪同去北四川路的内山书店谒见鲁迅。走入店堂里边时，鲁迅已从一只日本式火钵旁边的藤椅上站起来，热情地招呼他们。为了谈话方便，随即一起走出店门，跨过马路，进入对面的"公啡"咖啡馆。葛琴把来意说明后，鲁迅就从她手里拿起一束原稿，粗粗地翻了一翻，告诉她说，内中有几篇早已看过了。葛琴便大胆地恳求鲁迅为这个集子写篇序，鲁迅立刻答应了。作者回忆当年的思想活动时说："一路上我怀着满腔的惊恐和惶惑，以为把这样幼稚的作品去请教一位当代文豪评阅，也许会遭遇轻视和拒绝吧，但事情完全出我预想。"那天，他们在咖啡馆里谈了足足两个小时。作者说："我完全不感觉有什么拘束的必要，他很起劲的说着文学上的各种问题，和不断地给与我热烈的鼓励（我们可以想起，那时上海的出版界是在怎样一个沉闷状态中）。……当我从咖啡馆里出来的时候，除了满意以外，更惊愕中国现在还有这样一个年青的老人。"[1]

这次会见，日记中并无记载，但二十五日日记有："夜作《总退却》序一篇。"据葛琴回忆，"过了一个星期，序文就写好了，当我第二次去见他时，他很关切的询问我的生活状况，又对于我的私人事件上作了一次难忘的帮助"，葛琴当时生活极端艰险困难。这一天是十二月二十八日，《日记》上有这样一条记载："午后收大阪朝日新闻社稿费百，即假与葛琴。"原来鲁迅应日本报刊之约，写了一篇《上海杂感》，该社致赠稿酬一百元。鲁迅就在拿给葛琴序文稿的同时，把当天才收到的这笔稿费全部假予葛琴了。通过这两件事，看到鲁迅不但在文学事业上给革命文学青年以关怀鼓励，对生活上困难者又给予慷慨的协助。鲁迅当年仅靠笔耕为生，收入并不宽裕，一篇杂文的发表费千字一般不过四五元，许多文集不能公开发行。国外报刊的高稿酬是非常例外的。而像上述这种助人为乐、感人至深的事例，岂止对葛琴一人而已。

---

[1] 见葛琴：《总退却》后记。

鲁迅的序文字数不多，但在结尾处对这本集子予以很高的评价。序文最后说：

> 这一本集子就是这一时代的产品，显示着分明的蜕化，人物并非英雄，风光也不旖旎，然而将中国的眼睛点出来了。

这篇序文写成后，鲁迅于一九三四年四月间编入《南腔北调集》，初版用同文书店名义秘密发行。但《总退却》一书，一直未得出版的机会，因而使许多人认为这本书根本没有出版过。解放后，人民文学出版社于一九五七年编印十卷本《鲁迅全集》时，也在此文注释里说："《总退却》，葛琴的小说集，这部小说集在当时并未出版过，鲁迅为该书所写的序，在收入本集以前未曾发表过。"后一点所说是事实；但这本小说集确是在一九三七年由良友图书公司作为单行本出版了，离序文写成时，足足隔了三个年头。

二

该书的出版过程，根据我今天的回忆大约是这样的。一九三六年春，靳以参加"良友"，负责编辑《文季月刊》（由巴金、靳以合编），他的办公桌就放在我的一起。我们两人合用三楼西北一间十多平方米的小房，两张写字台，一张长沙发，还有书橱、公文柜等。那时他正忙于组稿，并不按时来办公。四月四日鲁迅来"良友"，坐在长沙发上选看苏联版画那天，①

---

① 参阅本书《编选〈苏联版画集〉》第102页。

靳以没有在屋。鲁迅问我另一张书桌是谁坐的,我就告诉了他,也谈起即将于六月创刊的《文季月刊》。选画休息时,我又告诉他,由于张天翼的建议,我们准备出一套专为"左联"青年作家编印的《中篇创作新集》。就这样,谈起几位组稿对象时,我提到了葛琴。鲁迅听到这个名字时,像忽然记起一件早已淡忘了的往事般,冥思了一回,就抬头对我说:"我记得葛琴有一部小说集,至今未得出版,你们是否可加以考虑?"隔了一阵,又轻轻地像自语般地补充了一句:"我还曾替她写过一篇序文呢!"我当时完全不知道有这回事,《南腔北调集》并非公开发行,其中有这样一篇序,我毫无印象。鲁迅过去通过书信,曾向良友公司介绍过几种文稿,今天口头推荐,我当然欢迎,并表示将同作者联系。

第二天靳以来上班,我告诉他这件事,他鼓励我争取出版这个集子,并且告诉我葛琴住在杭州,在那里当小学校长。我很快和她取得了联系。这段时间里,她也给靳以写了短篇《一天》,发表在九月号《文季月刊》上;又为我们的《中篇创作新集》写了一个中篇《窑场》。我记得为了出版方面的许多具体问题,她特地从杭州赶到上海;来编辑部和我谈话时,朴素的服装,诚恳的态度,给我留下深刻的印象。她提出要用几篇新作代替旧的。她对过去的旧作自己感到不满,留下的仅《总退却》和《罗警长》两篇。当时我和她都感到,作如此大的变动是否要再送鲁迅先生看看呢?考虑到鲁迅当时已在重病之中,感到不宜再把这些小事去打扰他老人家。葛琴最后说:"那只好出版后再送他看了。"作者那种急于要看到自己被延搁了近三年的作品能和读者早日见面的迫切心情,我是完全能理解的。谁知原稿还在编辑加工过程中,十月十九日,鲁迅先生就与我们永别了。作者在后记中留下了她当时无限悲痛的泪痕。她说:"经过许多波折,这个小小的集子,总算有机会出世了,可是正要付排的时候,却突然接着这样一个惊心动魄的消息,说为这个集子作序的鲁迅先生死了。……我原打算出书以后,到上海去看看鲁迅先生,请他对后来加入的几篇批评一下,但是谁料到呢,我这样吝缘,他终于不得看到这个集子和他的序言的付印便溘然长逝了。"

从《日记》看,葛琴和鲁迅分别后,一九三四年,她曾写过四封信,寄过一篇小说稿给鲁迅,鲁迅复她二次。一九三五年至一九三六年,没有通信往来,只在每年夏秋之交,葛琴曾两次从杭州寄赠土产茶叶给鲁迅,借此表达她的崇敬和感激之情;最后一次,离他逝世不过两个多月。

三

《总退却》终于在一九三七年三月出版。但是这本多灾多难的小说集,问世不久,又遭遇到"八一三"抗日战争的浩劫,"良友"地处战区,存书损失浩大。事后公司曾把书籍损失情况分别通知有关作者。葛琴在另一本书中有一段感想说:"可是当这集子(指《总退却》)出世不久,抗战开始了。事后得书店通知,才知十分之七的存书,如数给敌人的炮弹毁灭了。"她讲到听到这个消息时,似乎也不觉得怎么心痛。因为"我们在敌人炮弹下牺牲的东西太多了,这区区几本书实在算不得什么。但从此,对于在身边那仅有的孤零零的一本,不免格外爱惜起来。每次辗转奔波，不远千里地叫它跟着自己跑路，总算一直到现在，没有遭到什么意外"。①

一九四二年岁尾，我从上海绕道到达桂林，准备把"良友"重新建立起来。那时，从四面八方来的文艺界人士，群集在这个号称"山水甲天下"的桂林，在上海孤岛时就听说它是大后方的文化城，一见果然名不虚传。三十年代我在上海所熟悉的很多作家朋友都在那里。当时葛琴在《力报》主编文艺副刊，邵荃麟在领导桂林最大的一个出版事业——文化供应社，并主办《文化杂志》。我到桂林后不久就去拜访他们。他们住在一幢小楼上，简单朴素的战时家庭陈设，到处散乱着书籍报刊。葛琴热情地招待我坐在一张竹制的沙发上，高兴地说我是一位远方来客，要我好好谈谈上海孤岛见闻。他们听我说到"良友"已在上海遭日寇查封，这次将在桂林复业，便表示十分欢迎，愿意尽力协助。葛琴还问起《总退却》的命运，她希望能在桂林重印一版，我答应了。后来"良友"在桂林复业，用土纸重印了张天翼、耿济之等的沪版书，但当《总退却》准备列入重排计划时，敌人占领衡阳，进逼桂林，我们大家都先后逃往重庆去了。

此后，直到解放后在北京举行第一次全国文代大会时，匆匆见了一面。粉碎"四人帮"后，才知邵荃麟已于一九七一年被残酷迫害去世；葛琴在隔离审查期间，身患重病，未得及时医疗，因而至今尚未复元。但不知她的健康情况究竟如何？

---

① 葛琴：《犯》后记，1947年2月，上海耕耘出版社版。

四

　　当我准备写这篇回忆史料时,对葛琴在《总退却》后记中下列一段话不易理解。一九三三年底,鲁迅把序文交她后,接着她说:"不久那位帮助我出版的至友,突然遭到不幸的事故,于是出书的希望又断绝了。那时——一九三四年,正是出版界最黑暗的时期,要靠写作维持生活,几乎是不可能,于是我又被掷回到农村去。"这究竟是怎么一回事?。这位至友是谁呢?遇到什么不幸事故,因而使这本书迟出了三年呢?

　　我开始认为这只要写信去北京,问问葛琴,三言两语即可解释清楚。信去后久无回音。有位朋友告诉我,葛琴患的是和张天翼同样的病。我去冬在京看望过张天翼同志,离开他家后,心中说不出地难过,我希望她可能会比天翼好一些,他们两人是三十年代的好朋友,都是受"四人帮"迫害致残的。不久,她女儿邵小琴同志复信来了,说:"你信中提到有关《总退却》的问题,我母亲已记不起来了。实在遗憾,她失去了表达能力,她听到你要写这篇文章,她很高兴,频频点头,只是有话说不出。万恶的'四人帮'夺去了她的声音。对于一个作家来说,失去了表达能力,是最大的痛苦啊!"我读完信,思潮起伏,感慨万千:三十年代亲来"良友"与我第一次联系稿件时年轻淳朴的葛琴形象,四十年代在桂林盛情接待我的种种往事,一幕幕浮现在我的眼前,而我却没能如她所愿般在内地为《总退却》重印一版,遗憾至今。想到这样一位在白色恐怖笼罩着的旧上海,出生入死地为党工作,同时写出了许多篇被鲁迅称为"点出了中国眼睛"的好作品，仍然坚强地活了过来的女作家，竟在十年浩劫中，身心遭到如此惨无人道的摧残，怎么会使我相信是事实呢？无怪香港有位记者写了一篇访问记，标题是《葛琴有话要说！》这是多么沉痛的控诉啊！

于是我只有设法去请教与葛琴早年熟悉的其他老作家了。我想到了吴组缃同志，托小琴去找组缃。组缃告诉小琴，当时叶以群在上海出版界工作，与葛琴很接近，这位至友可能指的是他。小琴回家再仔细问她妈妈，经过葛琴一阵苦苦的回想，才连连点头，表示至友就是叶以群。

那么，叶以群把《总退却》交给那个出版社，以后又遭到什么不幸呢？这个问题，楼适夷同志帮助我解决了。他告诉我，他自己是一九三三年九月被捕的，"我被捕后，天马书店是由以群联系左翼关系的，他那时有关系的，当为天马书店"。至于叶以群所遭遇的不幸事件，老诗人任钧同志为我提供了他的亲身经历。他告诉我："以群同志是在一九三四年夏天被捕的，大约是七八月间。当时我们同被关在南市伪公安局里。他是给一个叛徒出卖的。"任钧同志说，适夷和以群相继被捕后，天马书店的编辑工作由尹庚负责。尹庚同志远在内蒙巴盟文联工作，他热情地答复了我的问题。他说："我是一九三五年应天马书店店主韩振业之约，主编《天马丛书》。"当时尹庚也刚从监狱出来，店主和他讲明，所有以前约稿，概不处理，以求安全。早由以群介绍给天马书店的葛琴小说集，当然不在考虑之列了。而以群同志早在一九六六年八月，在"四人帮"迫害下也不幸在沪逝世了。

纪念鲁迅百年诞辰之际，把当时受到鲁迅郑重推荐的革命文学青年的早期作品,做一些考证、研究工作,也许为现代文学史研究者,提供点滴资料。最近黑龙江人民出版社重印鲁迅序、萧红作的《生死场》,我认为是一件很有意义的出版工作。

1980.11.("中国现代文学研究丛刊"1981年第3辑)[①]

---

① 发表时,原题名为《回忆鲁迅与葛琴的〈总退却〉》。

最后编校作序的一部书

——关于曹靖华编译的《苏联作家七人集》

鲁迅一生所写书信,约计三千余封,收入最新《鲁迅全集·书信》的,共计一千三百三十三封。他最后一封信是在逝世前二天写给曹靖华的。信中提到:"兄之小说集已在排印,二十以前可校了。但书名尚未得佳者。"这里所说,就是由鲁迅推荐给良友图书公司出版的《苏联作家七人集》。译者在序文中说:"《七人集》合集的编定和校样,都是先生亲自作的,这可以说是先生最后编校的一部书,我只是供给了两部稿件的材料而已。"

一

一九二四年十二月,鲁迅在北京创立未名社时,曹靖华是五位青年社员之一。在"未名丛刊"中,曹靖华翻译出版了四种苏联小说。其中有《烟袋》一书,引起过不少风波,经历了重重磨难,最后与《第四十一》,合编成《苏联作家七人集》。现在先从《烟袋》说起。

一九二五年大革命时,曹靖华在国民革命第二军顾问团工作,认识了由第三国际派来的俄罗斯人华西里耶夫,中文名王希礼。一个爱好俄罗斯和苏联文学,一个爱好中国文学,很快结成朋友。在互相交流、互相馈赠中,曹靖华把鲁迅的《呐喊》送给王希礼,以后他就把它译成俄文;王希礼把一本包括十三个短篇的小说集《十三个烟斗》送给曹靖华。① 每篇内容都与烟斗有关,但只有爱伦堡的《共产党员的烟斗》曹靖华认为写得最好。他把它连同其他十个苏联短篇编成一集,书名即用爱伦堡小说的篇名。由于北方人称烟斗为烟袋,书名便译为《共产党员的烟袋》,一九二八年初交给未名社出版。

当时,正值蒋介石在上海发动"四一二"反革命事变后不久,在北平的北洋军阀还拥有一股不小的力量,对进步书店进步人士,虎视眈眈,随时准备下手。李霁野等对身边形势估计不足,他把这部小说集寄给住在上海的鲁迅。鲁迅审阅了这部译稿后,一九二八年二月二十六日复信给李霁野,肯定了这部小说集的内容,但对第一篇《共产党员的烟袋》,凭他历年对反动派斗争的经验,觉察到:"第一篇内有几个名词似有碍。不知在京印无妨否?倘改去,又失了精神。倘你以为能付印(因我不明那边的情形),望即来函,到后当即将稿寄回。否则在此印,而仍说未名社出版(文艺书籍,本来不必如此,但中国又作别论),以一部分寄京发卖。如此,则此地既无法干涉,而倘京中有麻烦,也可以推说别人冒名,本社并不知道的。"② 这种为未名社细心考虑的方法,既说明鲁迅善于对敌作战,也看出鲁迅对当时北方密云未雨之局,早有警惕。李霁野等为了

---

① 曹靖华:《译海细浪——有关爱伦堡的译名问题》,刊于《书林》,1980年第5期。

② 《鲁迅书信集》,第181页。

"不以出版印刷的琐细事务去浪费先生的时间和精力,我们决定仍在北京印行,为不辜负先生的苦心,我们把书名只简单用了《烟袋》两个字"。①不料两个月后,未名社被山东督军张宗昌的一个电报,下令查封,有几个人几乎丧生。未名社结束后,在一次事件中,这本《烟袋》混在一堆存书中,还被指为"罪证"之一。未名社的存书,后来全部出盘给另一书店。鲁迅说:"出盘之后,靖华译的两种小说都积在台静农家,又和'新式炸弹'一同被收没,后来虽然证明了这'新式炸弹'其实是制造化装品的机器,书籍却仍然不发还,于是这两种新书,遂成为天地间之珍本。"②

这里所说的另一种是《第四十一》,书内包括拉甫列涅夫的两个中篇:《第四十一》和《平常东西的故事》,都是二十年代末二年,译者在莫斯科中央出版局(后改名外国文书籍出版局)汉语部工作时翻译出版的。同时还有《星花》,作者也是拉甫列涅夫,一九三三年鲁迅为《良友文学丛书》编《竖琴》时把它收入了。

一九三三年冬,曹靖华已自苏联回国,在北平教书,他把《烟袋》和《第四十一》由友人Y君介绍送给上海某书局,还把书后的作者介绍,根据新材料重行增删。但稿子寄去后,译者说:"下文就是:不出版,不退回,写信不答复,托人就近询问也不理。好像绑票似的,这两本集子就这样的被绑了两年多。直到"这家书店关门之后,"还不肯把票子放回来"。③

---

① 李霁野:《鲁迅先生与未名社》之一,《鲁迅回忆录·一集》,上海文艺出版社1978年版,第135页。
② 《鲁迅全集》,第6卷,第447页。
③ 《苏联作家七人集》,译者序。

现查鲁迅一九三四年六月二十九日给曹靖华的一封信中,谈到向某书局索稿"仍无回信。真是可恶之至"[①]后,是年十二月廿八日,又在一封信中说到:"至于书,兄尽可编起来,将来我到'良友'这些地方去问问看。"[②]可见译者在未收回两本译稿前,已准备把原书合编成一部,征求鲁迅的意见时,鲁迅就想到了向良友公司去试试。

至于这两部书稿何人何时从某书局去拿回来的,也有一段故事。一九三五年六月十八日瞿秋白被害后,鲁迅准备为这位牺牲的战友自编纪念文集《海上述林》,但瞿秋白有两部文稿已向这个书局预支过版税。此事鲁迅托黄源去办,黄源想用付现款赎回的办法,鲁迅于八月十六日给黄源信上说:"付钱办法,极好,还有两部,是靖华的翻译小说,希取出,此两部并未预支稿费,只要给一回收稿子的收条,就好了。"[③]这就是《烟袋》和《第四十一》。从黄源的《鲁迅书简漫忆》中看,这两部书稿似乎是同瞿稿"一起取回的",[④]事实并非如此。《鲁迅日记》八月十二日记有:"河清来交望道信及瞿君译作稿二种,……还以泉二百。"八月十六日鲁迅告诉黄源还有曹靖华的两部。而直到一九三六年四月一日,才写信给曹靖华说:"兄……的两种稿子,前几天拿回来了,我想找一出版的机会。假如有书店出版,则除掉换一篇(这是兄先前函知我的)外,再换一个书名,例如有一本便改易书名,称为:'不平常的故事'。否则,就自己设法来印,合成一本。到那时当再函商。"屈指计算,这两部文稿确实被耽搁了三个寒暑。据曹靖华的回

---

① 《鲁迅书信集》,第591页。
② 同上,第709页。
③ 同上,第860页。
④ 《鲁迅书简漫忆》,第76页,第80页。《西湖》文艺编辑部出版,1979年。

忆,他曾向鲁迅说明,稿子讨回后,如无可能出版,可暂存上海;如有机会出版时,为"出版方便"起见,不妨将原书次序掉换,也可以另换新名。①

二

一九三六年六月,鲁迅在大病之中,连数十年来每天必写的日记,也从五日后停记了。三十日补记时,写着这样几句话:"其间一时颇虞奄忽,但竟渐愈,稍能坐立诵读,至今可略作数十字矣。"七月一日起,又重新每天写几行。六日记有:"晚得赵家璧信并《苏联版画集》十八本,夜复。"这封复信,因病体虚弱,不能握笔,鲁迅口授,由许广平用钢笔代书,鲁迅亲笔签署。我的信中,除了谈到由鲁迅亲自编选的《苏联版画集》出版情况外,同时告诉他,我们新编印一种篇幅较大的"良友文学丛书"特大本,准备把《竖琴》和《一天的工作》合成一厚册编入,书名《苏联作家二十人集》,征求他的同意。这个建议,触动了他数年来一直要为曹译两部译稿找到出版机会的夙愿;而且两年前,他早已在给曹靖华的信中表示过,"到'良友'这些地方去问问看"。于是虽然缠绵病榻,又为老朋友的书热心起来了。在信末他口授了两条意见:

> 《竖琴》和《一天的工作》可以如来信所示,合为一本,新的书名很好。序文也可以合为一篇。
>
> 靖华译过两部短篇,一名《烟袋》,一名《第四十一》,前者好像是禁过的,后者未禁,我想:

---

① 《苏联作家七人集》译者序。

其实也可以将《烟袋》改名，两者合成一本，不知良友愿印否？倘愿，俟我病好后，当代接洽，并为编订也。

一个月后，硬布面精装特大本的《苏联作家二十人集》出版了，我送去了十册样本，附去的信上，表示愿意接受曹靖华的译稿。鲁迅于接信次日（八月七日），立即亲笔复我一函，高兴地谈了许多出版方面的具体办法：

靖华译的小说两本，今寄上。良友如印，我有一点意见以备参考：
即可名为《苏联作家七人集》。
上卷为《烟斗》（此原名《烟袋》，已被禁，其实这是北方话，南方并不如此说，现在正可将题目及文中名词改过），删去最末一篇《玛丽亚》（这是译者的意思，本有另一篇换入，但今天找了通，找不到，只好作罢），作者六人。照相可合为二面，每面三人，品字式。
下卷印《41》，照相一个。
大约如此办法，译者该没有什么反对的。
我的病又好一点，医师嘱我夏间最好离开上海，所以我不久要走也说不定。

译者主动删去的一篇是涅维洛夫的《女布尔什维克——玛丽亚》，这个短篇写一个素受丈夫压迫的农村妇女，经过十月革命的洗礼，终于转变为被群众推选当上苏维埃委员的女布尔什维克，和丈夫分了手，走上了自己独立的道路。我把全稿读了一遍，发觉爱伦堡的《共产党员的烟斗》不但篇名太惹眼，情节也易引起反动当局的口舌，因为故事写法国大革命时期，在巴黎公社失败后，一对贵族夫妇，把一个一直跟着父亲在战壕里生活而被俘获的四岁孤儿，当作游戏的枪靶子，残酷地打死。他的父亲是在保卫公社的战斗中牺牲的工人，而这个嘴里嚼着用粘土做的小烟斗，吹肥皂泡玩的小孩，当敌人抓住他审问时，他英勇地回答说："我是一个真正的共产党！"这篇出于名小说家爱伦堡之手的短篇，早被译者在一九二八年所赏识，确实是一篇充满革命激情的短篇杰作。但是这样一篇完整的小说，如果改动几个名词，"又失去了精神"；留在集中，影响整个小说集的命运是颇有可能的。为了求得全书早日与读者重新见面，我坦率地向鲁迅提出了我的看法。至于书名，我们提出另立一个新的。八月二十日，我收到鲁迅的复信，信上说：

  对于曹译小说的两条，我以为是都不成问题的，现在即可由我负责决定：一、暂抽去《烟袋》；二、另立一新名。
  因为他在旅行，我不知道其地址，一时无从探问，待到去信转辗递到，他寄回信来，我又不在上海了，这样就可以拖半年。所以还是由我决定了好。我想他不至于因此见怪的。
  但我想：新名可以用漂亮点的，《两个友》《犯人》之类，实在太平凡。
  我想月底走，十月初回来。

鲁迅对两个具体问题立即代为决定，目的是求书快出。书的出版周期是作译者最关心的事，编辑决定用稿后，第一件任务就是要出版印刷部门迅速动手，谁愿意一本书被搁上一年半载，杳无音信呢？鲁迅最理解编辑的这种争分夺秒早日出书的心情，所以有关出版方面的信不是当晚即复，便是次日复，校样从不拖拉。

　　在这两封信中鲁迅都提到自己的病已有好转，并计划易地疗养。实际上他虽然已能动笔写信，处理日常事务，但病体仅仅略见缓解，而对友人作品，内容如何安排，插图怎样编列，取个怎样书名等出版编辑工作的细节，都替我们想到了。现在特别令人怀念和惋惜的是：当时美国邓肯医师发现他已患后期肺结核，劝他必须立即去外地疗养；他在七日信中，仅说："所以我不久要走也说不定"；十八日信中，好像已预计到立即要出门，最后一句话，对来回的日期都已作了估计；可惜此后仍然未能离开上海。所谓八月底走十月初回来的计划，已不是去苏联，而是去日本或国内海滨山上之类的短期旅行；即使如此，到九月初写给他在北平老母的信中说："大约因为年纪大了，一直医了三个月，还没有能够停药，因此也未能离开医生，所以今年不能到别处去休养了。"[①] 如果当时能够早些离开上海这个地方，他的生命、至少能从死神手里夺回几年、几十年，让他活着看到中国人民获得大解放。不料就是这个当时还无法根治的病，终于，把他拖垮了。而在生命的最后两个月中，他始终念念不忘于老朋友的这部译作的出版问题。

　　八月二十七日，鲁迅把"良友"接受出版的事正式通知译者。信中说："良友公司愿如《二十人集》例，合印兄译之

---

① 《鲁迅书信集》，第1031页。

两本短篇小说，但要立一新名，并删去《烟袋》。我想，与其收着，不如流传，所以已擅自答应他们，开始排字。此事意在牺牲一篇，而使别的多数能够通行，损小而益多，想兄当不责其专断。书名我拟为《七人集》，他们不愿，故尚未定。"①曹靖华对"良友"的接受此稿，在他事后写的译者序文中，作了如下的回忆："在这样的环境里，在这《性典》之类的东西充斥了中国书市的今日，多年来遭遇了无限灾难的《第四十一》和《烟袋》，居然能重行出世，这正是求之不得的事。在欢快之余，当即拣出四篇短稿，寄去加入，同时也想将在沪、平已经翻成几种拉丁化本子，而汉文本却很难得的《不走正路的安得伦》也加入，并请（鲁迅先生）在出版时写点小引。"鲁迅对译者提出增加四篇并无异议，但对于涅维洛夫的《不走正路的安得伦》持有不同的看法。他在九月七日复曹的信上说："至于《安得伦》，则我以为即使来得及，也不如暂单行，以便读者购买。而且大书局是怕这本书的，最初印出时，书店的玻璃窗内就不肯给我们陈列，他们怕的是图画和'不走正路'四个字。"②鲁迅的政治警觉性是很高的，他主张"壕堑战"，反对赤膊上阵，作不必要的牺牲，而是用机动灵活的战斗策略，向敌人作从容不迫的斗争。对良友公司这样的出版阵地，那些文章可以登，那些文章最好不登，他事先早给我们考虑到了。鲁迅既已征得译者同意，事情已经大定，九月五日给我的信，根本不提《安得伦》的事。他说：

　　顷接靖华信，已同意于我与先生所定之印他译

---

① 《鲁迅书信集》，第1023页。
② 同上，第1033页。

作办法。并补寄译稿四篇（共不到一万字），希望加入。稿系涅维洛夫的三篇，左琴科的一篇，《烟袋》内原有他们之作，只要挨次加入便好。但不知已否付排，尚来得及否？希即见示，以便办理。

他函中要我做一点小引，如出版者不反对，我是只得做一点的，此层亦希示及；但倘做起来，也当在全书排成之后了。

发出此信的同一天，他写了一篇题名为《死》的杂文，总结了一生斗争的经验，立下七条遗嘱，他已经意识到自己的健康大不如前了。九月七日我又寄他一信催问补稿，九日复我。现在回忆，曹靖华把补稿寄沪后，鲁迅又在病中校读一遍。复信说：

译稿四篇，今送上。末校我想只要我替他看一看就好，因为学校已开课，他所教的是新项目，一定忙于预备。

书名我们一个也没有，不知篇名有比较的漂亮者否？请先生拟定示知。

自己重病在身，还考虑到朋友开了新课，忙于准备，要我们把末校清样送他代校。这种处处想到别人，独独不想到自己的忘我胸怀，令人肃然起敬。这么个善良的心愿，可惜他已来不及完成了。

排字房工作繁忙，清样未能如约送出。十月十二日，鲁迅等得着急了，也许他要在生前为朋友完成这件事，正如他病中写过的一篇文章中所说:"从去年起,每当病后休养,躺在藤椅上,每不免想到体力恢复后应该动手的事情:做什么文章,翻译或印行什么书籍。想定之后,就结束道:就是这样罢——但要赶快做。"① 因此又写信催问我:

> 靖华所译小说,曾记先生前函,谓须乘暑中排完,但今中秋已过,尚无校稿见示。不知公司是否确已付排,或是否确欲出版,希便中示及为荷。

这最后一句话,带有质问的意味,老人家对我有些生气了;在所有给我的近五十封来信中,这样的话是极为少见的。我立刻去排字房催促,十五日写信给他,除了表示歉意外,保证五天内送去。因此他在十七日给曹靖华的最后一封信中,在告慰老友"此病虽纠缠,但在我之年龄,已不危险,终当有痊可之一日,请勿念为要"后,接着就把我保证二十日送校的话转告了译者:"兄之小说集,已在排印,二十以前可校了,但书名尚未得佳者。"② 不幸此信发出后的第二天早晨,鲁迅先生遽然长逝了。曹靖华在平收到此信已是二十日。他回忆说:"这信是在先生逝世后第二天才收到的。此情此景,真不忍回想!先生真挚的火热的心,刻刻的在顾念着友人,刻刻的在顾念着中国新文化的生长,刻刻的在给中国青年大众推荐最滋养的精神上的生命素,刻刻的在创作、翻译、校印'不欺骗人的书'……"③

---

① 见《死》,《鲁迅全集》,第6卷,第495页。
② 《鲁迅书信集》,第1056页。
③ 《苏联作家七人集》,译者序。

三

鲁迅逝世后,大约一个星期光景,我接到许广平寄我一信,寥寥数语,告诉我,附件是鲁迅生前为曹译小说集写成的序文,没有时间及早寄出,所以迟到今天才寄,希望我快把此书印出,因为这是鲁迅最后几天所经常惦念着的一件事。我读完序文原稿,不禁凄然泪下。末行署着"一九三六年十月十六日鲁迅于上海且介亭之东南角",这一天是我去信告诉他二十日可送校样的次日;同一天,鲁迅又写一封信给曹靖华。现在从最后一页日记上看(见书前插图),这是鲁迅一生所写的最后一封信,① 也是他一生所写最后完成的一篇文章。②

序文共分五节,开始讽刺了当时盛行的一股抢译风,称"曹靖华是一声不响,不断地翻译着的一个"。在略叙两书所遭"无妄之灾,而且遭得颇可笑"以后,第四段就说:"但现在居然已经得到出版的机会,闲话休提是当然的。"言归正传中,交代了内容与旧版本不同之处;也谈了介绍这几篇苏联小说的意义。最后一节,抒发了他完成这最后一件工作后的愉快心情。文章说:

> 靖华不厌弃我,希望在出版之际,写几句序言,而我久生大病,体力衰弱,不能为文,以上云云,几同塞责。然而靖华之译文,岂真有待于序,此后亦如先前,将默默的有益于中国的读者,是无疑

---

① 鲁迅的最后绝笔是十八日写给内山的一张便条,《日记》未记。
② 鲁迅十七日续作《因太炎先生而想起的二三事》,未完稿,《日记》未记。

的。倒是我得以乘机打草，是一幸事，亦一快事也。

想到鲁迅介绍给良友公司出版的这最后一部书，由于我们排字拖延，推迟了出版期，没有能够在他生前把样书送到病榻上，让他亲自看到，这已成为我一生追悔莫及的遗憾了。序文发排后，十一月中旬赶印出版，那时，鲁迅先生已离开我们一个多月了。曹靖华在译者序中说："倘若先生在世，看到它的出版，一定愉快的同自己的书出版一样的。……但不幸得很，现在《七人集》却做了先生灵前的祭礼！"

鲁迅逝世后，我们和译者共同主张，为了纪念为这本书呕尽最后一滴血的鲁迅先生，书名遵照鲁迅最早亲定的《苏联作家七人集》，不再另立什么新名了。次年五月，我们又出版了《第四十一》的特印插图本，这也是鲁迅生前设想过的。

鲁迅和曹靖华是当年并肩作战的战友，他们从二十年代开始，一直把介绍苏联文学看做是一件庄严的革命任务，共同为身处黑暗、追求光明的广大中国青年读者，提供大量的精神食粮。鲁迅的《苏联作家二十人集》和曹靖华的《苏联作家七人集》早已成为天然的姊妹篇了。

1981.3.(《新文学史料》1981年第3期)

1981.4.修改

在鲁迅感召下前进

——记鲁迅逝世后出版的几种版画集

中国现代版画艺术是在鲁迅先生的倡导和培育下成长壮大的。他特别重视版画出版工作,因为只有通过它,才能扩大影响,传之久远。三十年代初,他就自费印行《艺苑朝华》和《引玉集》;以后又与郑振铎(西谛)合印《北平笺谱》《十竹斋笺谱》;还为八位木刻青年斥资用手摇机、宣纸、线装,精印创作集《木刻纪程》。鲁迅把版画艺术看做一种力量,他怀着一颗对中国人民火热的心,要让他们早日掌握这个武器,投身于人民革命事业,打倒黑暗,获取光明,其目的都不仅是为了供少数人收藏或欣赏而已。就在这种崇高思想的感召下,我有幸在版画出版方面一连做过几件工作,有的在鲁迅生前直接指导教诲下进行,有的是在鲁迅逝世后与其他同志合作完成的,无一不受鲁迅的熏陶和影响。

一

在版画出版方面我和鲁迅的第一次接触是一幅鲁迅头像木刻画。一九三三年初,我编的"良友文学丛书"开始出版,一律软布面精装，外加套色彩印包封，上印作者像。其中有的印画像，如巴金的《雨》；有的用自画像，如张天翼的《一年》；有的用照片，如丁玲的《母亲》。鲁迅的第一种书《竖琴》，用了马国亮画的一幅线条画头像；当第二种《一天的工作》出版前，我要求鲁迅另给我一幅。他于一九三三年三月十日复信上说：

> 小说封面包纸上的画像只要用《竖琴》上用过的一幅就好，以省新制的麻烦。

由于我一再要求，他还是给了我一幅木刻头像。刻的是中年时代的鲁迅，两眼炯炯有神，画面突出一件中式长袍的衣领上两颗打结的纽扣，刀法粗犷有力，线条分明。技术虽非上乘，但有一定的特色。这些包书外封，图书馆所藏，都已丢弃；半个世纪来，读者也很少保留。我今天也仅从所藏两幅广告上看到。经许多位木刻界同志鉴核，刻者是谁，至今仍未查明。

此后见到鲁迅，他经常鼓励我利用良友公司自备印机，多出些有益的版画画册。这年十月间，为了配合当时有关连环图画的论争，我们翻印了麦绥莱勒作的四种木刻连环图画故事，其中《一个人的受难》由鲁迅作序。十月八日他看到样书时，热情洋溢地来信说：

> 这书的制版和印刷，以及装订，我以为均不坏，只有纸太硬是一个小缺点；还有两面印，因为能够淆乱观者的视线，但为定价之廉所限，也是没有法子的事。

鲁迅在此提出印制版画应注意之三点：一、纸不要太硬；二、不要两面印；三、要价廉。一九三六年秋，我们用白报纸印了普及版。当时鲁迅已在病中，看到样书后，九月九日给我的信上说：

普及本木刻，亦收到，随便看固可，倘中国木刻者以此为范本，那是要上当的。

他所念念不忘的还是我国的木刻青年。对用纸一点，要无损于原作，过与不及，都是不足取的。

《苏联版画集》的内容选目，编排、制版、印刷，都是在鲁迅直接关怀下进行的。我至今记得一九三六年四月七日下午，鲁迅亲来我们编辑部选画事毕的闲谈中，我曾在他老人家面前，吐露过这样的心愿：像《苏联版画集》一样，其他国家的版画集，将来也可以出；我国自己的创作版画集，也可照这样的本子出。他微笑着，好像嘉许我居然有这种雄心壮志；并指出欧洲版画来源于中国，中国历代版画也是值得介绍的一个方面，他与郑振铎曾尝试过，那要花大本钱，不是轻而易举的事；至于我国从事木刻创作的青年，还在探索阶段，出版大型合集的事，只能待之来日了。这些谆谆教诲，无时不萦回在心。《苏联版画集》出版后三月，鲁迅便永远离开了我们。越年，抗日战争爆发，良友公司在敌军炮火中宣告了破产。

二

一九三九年良友公司改组复兴，我仍在那里负责编辑工作。那时，上海已成"孤岛"，烽火连天，狐鼠横行。但热爱祖国的文艺界朋友，还是在各自的岗位上，默默地做着力所能及的工作。

一九四〇年春，郑振铎约我到他家去，要把他自编自印的《中国版画史》交"良友"出版发行，计正文四卷，图录二十卷，分成六函，准备两年内分六次出齐。书因珂罗版条件所限，只印二百余部，售价每函五十元。我早知道振铎节衣缩食，花了二十年时间，苦心搜罗，摄影制玻璃版，已得一千数百幅，现在印刷已在积极进行，万事俱备了。他既信任我，委此重任，我也当仁不让，大胆地应诺了。当时振铎迫于环境，不能从事写作，借此机会，为国家民族留下这份美术方面的遗产，也是一个有心人的极可尊敬的壮举。

那天他对我详谈早在一九三四年与鲁迅合资自印《十竹斋笺谱》，以后又筹印陈老莲《博古叶子》，准备出版《图版丛刊》的旧事。他们曾在一九三五年五月，生活书店出版的《文学》上刊登过征订广告，那时已改名为《版画丛刊》，用鲁迅、西谛合编的名义。当时计划很大，鲁迅全力支持。一九三四年十二月写给西谛的信中，谈到《十竹斋笺谱》已印出，他要十部，接着说："底本如能借出，我想明年一年中，出老莲画集一部，更以全力完成《笺谱》，已有大勋劳于天下矣。"[1] 在这以前另一封写给西谛的信中还说过："上海之青年美术学生中，亦有愿参考中国旧式木刻者，而苦于不知，知之，则又苦

---

[1]《鲁迅书信集》，第672页。

于难得。所以此后如图版刻成，似可于精印本外，别制一种廉价本……"①但鲁迅生前，仅见到《十竹斋笺谱》第一册而已，现在振铎已把图录部分二十卷，包括《十竹斋笺谱》四卷彩色木刻套印全部独力完成，只文字部分尚未动笔，这是一件了不起的大事！他最后对我说："让我们一起合作来做好这件颇有历史意义的版画出版工作吧，也算是完成了鲁迅先生的一大遗愿。至于廉价本，等抗战胜利，条件许可时再说吧！"我们紧紧地握手，表示一言为定。

不久，出书预告在上海各报刊出，《良友画报》还加印彩色套印广告页，全部图版附有中英文说明（英文说明都是振铎自己翻译的），虽然售价甚昂，图书馆和收藏家纷纷预订，欧洲、美国的著名图书馆都汇款邮购。当时的良友复兴图书公司，规模很小，仅租用四川路企业大楼五楼一个大写字间，但经双方两年的努力，终于在一九四一年年底，太平洋战争爆发，日寇侵入租界，"良友"横遭查封前夕，把二十卷图录部分，全部出齐了。书用安徽特造乳黄色罗纹纸精印，《十竹斋笺谱》四卷用宣纸彩色套印，蓝绵绸封面，织锦篋函，分为五函。印制惟妙惟肖，装帧富丽古雅，中国历代名家版画，可称尽在其中。最可惋惜的是原计划的四卷文字，因时逢战乱，振铎身处孤岛，确实无心执笔，所以原名《中国版画史》，后来只出版了《中国版画史图录》五函。此后我远去桂林、重庆，振铎蛰居沪滨，隐姓埋名，直到抗战胜利。解放后他担任公职，一九五八年不幸因公牺牲，至今美术界同志对这部最早与鲁迅合编、以后由振铎独力承担的印数极少的版画集评价甚高，认为是中国美术出版史上的一部辉煌巨著。我准备将来另写专文纪念这件事。

---

① 《鲁迅书信集》，第487页。

三

抗战胜利，我从重庆回沪。从一九四六年起，我在晨光出版公司主持编务。先请萧乾于一九四七年，仿《苏联版画集》的规模，编了一部《英国版画集》，收了著名英国版画一百零二幅，内彩色版画六幅。编者根据作品内容分为人物、风景与建筑、花卉、动物、飞禽、虫类等六大栏。当时，我还有续出法、德、日等国版画集，逐渐形成一套《世界版画大系》的想法，以后放弃了。但一九五一年曾出过一种《日本人民版画集》。

一九四八年，中华全国木刻协会正在上海举行规模空前的"抗战八年木刻展览"。我在展览厅里徘徊鉴赏时，想起十二年前在上海举行苏联版画展，鲁迅来"良友"选画时，我曾在他面前吐露过一个心愿。通过八年抗日战争的血与火的锻炼，这个土生土长的新兴木刻艺术，可以说已到了成熟的阶段，值得为它出一本我们自己的版画集了。当时我刚刚认识从内地来沪的木刻家野夫，通过他的介绍，约见了负责木刻协会的杨可扬、邵克萍、余白墅等。在他们的大力协助下，从一、二、三届全国木刻展五百余幅作品中，按"慎严、普遍"四个字的原则，在不影响集子水准的条件下，尽可能包括曾经参加展览的每一个作者的作品，共选印作品九十七幅，作者多达六十七人，内彩色木刻五幅。这本版画集的编排体例，印制装帧，都按《苏联版画集》规格，并于精装本外，另印普及本。约稿后三个月出书，书名《中国版画集》，书前有序言和《中国新兴木刻发展》史料长文，都出自杨可扬手笔，编辑装帧，也由他负责。为了向国外发行，我们还出版了英文版特装本，请当时在美国讲学的著名作家老舍,在书前写了一篇英文序言,向国外读者进行宣传。这样一部凝结着中国青年木刻家心血的第一部版画集,如果按西方习惯,要在第一页上写上一句献辞的话,应当恭恭敬敬地大书这样一行字——敬献给伟大的鲁迅。

关于野夫,我和他有两件事值得一记。

一九四九年五月廿七日上海解放前夕,野夫匆匆忙忙地到晨光出版公司来找我,向我们募捐几令白报纸,并未说明用途。他为人踏实诚朴,平时从不有求于人,看到他情绪急迫,严肃认真,我也不便追问,二话不说,立即交给他。解放后,这事早已淡忘了。最近读到杨可扬写的《回忆野夫》一文,最末一段说:"一九四七年下半年,野夫脱离印刷厂来到上海,集中精力从事木刻工作。……上海解放前夕,他接受了地下党组织的布置,组织部分木刻家秘密创作了一批迎接上海解放木刻传单等。"[①] 这使我联想起那一件往事,恍悟到野夫那时正为此事奔忙。为了求得证实,我去信请问了可扬同志,他复信说:"上海一解放,美术界就成立了一个联合办公处,为了印刷迎接上海解放的木刻传单,曾弄到一些白报纸,但不知是从什么地方弄得的,你说野夫曾向'晨光'募捐过报纸,那可能就是用于此的。"我由此想到鲁迅当年曾说到过木刻的最大作用:"当革命时,版画之用最广,虽极匆忙,顷刻能办。"[②] 这倒是最具体最生动的一个实例,更增加我对野夫的崇敬之情。

上海解放后半个月光景,约六月中旬的一个下午,野夫又来"晨光"看我,兴奋地告诉我一个喜讯,我已被选定作为华东区作家协会的代表,去参加即将于七月间在首都北京召开

---

① 见《版画艺术》1980年,第1期,上海人民美术出版社版。
② 《鲁迅全集》,第7卷,第577页。

的第一届全国文学艺术工作者代表大会了。这是党和人民给我的第一次荣誉。野夫带给我的这个消息,使我更有决心和信心,要把自己的余生,贡献给党和人民的文化出版事业。

但这样一位始终追随于鲁迅先生之后的木刻青年——野夫同志,竟和冤死于"四人帮"毒手之下的许多文艺界同志一样,不幸于一九七三年被害身亡;言念及此,能不黯然泪下?

四

第一届文代大会从七月七日至十九日在首都北京举行,同时第一届全国艺术展览会展出美术作品五百八十三件,其中木刻版画占二百二十三件。我在江丰、古元、彦涵、李桦、可扬、野夫等木刻家的赞同和协助下,征得全国美协组织上的同意,由美协编选一部《新中国版画集》,交由"晨光"出版。画集共选画八十幅,内彩色版画七幅;分上下两卷。上卷是解放区作品,选古元、彦涵、石鲁等作品四十幅;下卷是国统区作品,入选者有李桦、杨可扬、野夫、黄永玉等四十幅。序文中说:"印成这本集子,主要目的在于把它作为对此次全国文代大会中全国木刻工作大会师、与近几年来全国木刻创作大检阅的一个纪念碑,……在这八十幅画面中,我们可以看到近几年来中国人民的解放事业如何辉煌蓬勃(上卷),与国民党反动统治区如何的民不聊生的景象(下卷),从这一点上看,那么,我们又可以把它当作中国人民革命斗争史的插图的一部分了。"

这么多珍贵的原作如何运来上海,以及制版印刷的过程,我已记不起了。感谢李桦同志最近寄给我一封信,提供了宝贵的资料。原来北京举行的展览会,七月十六日就闭幕了。入选画集的展品,在全部展品运来上海准备在沪公开展览之前,就由我们送去制版。九月一日起,在上海南京路大新公司(即现在中百一店店址)三楼画廊展出,展览期半个月。会场上分送的展品目录单,由晨光出版公司等印赠,李桦同志还保存一份。在上面刊有《新中国版画集》的出版广告,说明九月一日开幕那天,新书样本已在会场上陈列,并设有预订处,九月五日正式出版,出书后将派专差送给预订户。现在估计,如果从北京闭幕后立即装箱由火车运沪,马上送去拍照制版算起,那么,到印刷装订成册,送到读者手中,前后历时不过一个半月。回忆当时的那股干劲,既来自鲁迅生前的教导:要把版画出版工作做好;更大的推动力,还在于光明终于战胜了黑暗,三十年代梦寐以求的社会主义新中国终于盼来了,鲁迅先生领导木刻青年为之奋斗终身的梦想,现在已经成为事实了!大家因此都怀着一颗火热的心,把这件事看做对党无限爱戴、无限忠诚的第一次具体行动!

1980 年 12 月(《版画艺术》第 3 辑)①
1981 年 3 月修改

---

① 发表时,原题名为《鲁迅导引我做好版画出版工作》。

后 记

"十年浩劫",犹如一场噩梦,一段宝贵的生命白白地浪费了。一觉醒来,自己已是年近古稀的老人,总想乘此余年,为国家的四化出些微力。正好资料工作为国内外研究中国现代文学史者所急需;许多同志和老友认为,我从三十年代开始的文艺编辑生涯中,出的好书不少,接触作家的面较广,若能如实地写些回忆史料,可能有一定的参考价值。我就在这种善意的鼓励和督促下,从一九七七年开始动笔。原来计划多写几篇凑个集子,因今年是鲁迅先生诞辰百年纪念,人民文学出版社鲁迅著作编辑室,约我把有关回忆鲁迅的十篇先出,列入他们那套有关鲁迅回忆录等的丛书中,匆促间编成这个集子,其中有六篇是最近才写成的。史实如有出入之处,希读者指教,以便再版时更正。书前所附插图,蒙上海鲁迅纪念馆大力协助,特此致谢。

赵家璧
1981.5.1

图书在版编目（CIP）数据

编辑生涯忆鲁迅 / 赵家璧著. — 西安：西北大学出版社. 2019.3
（中国现代出版家论著丛书 / 郝振省主编）
ISBN 978-7-5604-4320-1

Ⅰ.①编… Ⅱ.①赵… Ⅲ.①鲁迅（1881-1936）-生平事迹 Ⅳ.①K825.6

中国版本图书馆CIP数据核字(2019)第048029号

中国现代出版家论著丛书
编辑生涯忆鲁迅
赵家璧　著

出版发行	西北大学出版社		
地　　址	西安市太白北路229号	邮　编：	710069
网　　址	http://nwupress.nwu.edu.cn	邮　箱：	xdpress@nwu.edu.cn
电　　话	029-88302590		
经　　销	全国新华书店		
印　　装	陕西博文印务有限责任公司		
开　　本	890毫米×1240毫米　1/32		
印　　张	5.125		
字　　数	118千字		
版　　次	2019年3月第1版　2019年3月第1次印刷		
书　　号	ISBN 978-7-5604-4320-1		
定　　价	50.00元		

如有印装质量问题，请与西北大学出版社联系调换。
电话：029-88302966

版权所有　　侵权必究